LES RELIGIONS DANS LE MONDE

DU MÊME AUTEUR

Qu'est-ce qu'une religion ? Héritage et croyances dans les traditions monothéistes, Albin Michel, 1992 (rééd. 1999).

Femmes et religions, déesses ou servantes de Dieu ?, Gallimard, coll. « Découvertes », 1994.

Jésus et Bouddha, destins croisés du christianisme et du bouddhisme, Albin Michel, 1996.

Le Honteux et le Sacré, grammaire de l'érotisme divin, Albin Michel, 1998.

Une autre histoire des religions, 2 vol., Gallimard, 2000.

Dieu a changé d'adresse, propos d'un pharisien libéré, Desclée de Brouwer, 2001.

Petit lexique des idées fausses sur la religion, Albin Michel, 2002.

L'Évangile des païens, Albin Michel, 2003.

ODON VALLET

LES RELIGIONS DANS LE MONDE

Nouvelle édition revue et corrigée

Flammarion

La première fois qu'apparaît un mot relevant d'un vocabulaire spécialisé, explicité dans le glossaire, il est suivi d'un astérisque.*

ISBN : 2-08-080074-4

AVANT-PROPOS

« Le XXIe siècle sera religieux ou ne sera pas », aurait dit André Malraux. Cette citation de l'auteur de *La Condition humaine*, si souvent répétée, a pourtant toutes chances d'être fausse. Selon certains de ses interlocuteurs, il aurait parlé d'un prochain siècle mystique, selon les autres, d'une époque de guerres de Religion.

De façon plus générale, on évoque souvent un retour du religieux lié au déclin des idéologies, surtout de celles qui se veulent ou se disent athées : logiquement, on fait correspondre au recul du communisme un regain des communions.

Cette approche est partiellement discutable. D'abord, à certains égards, le communisme est une religion, avec ses mausolées pour demi-dieux, ses cultes de la personnalité, sa promesse de paradis sur Terre sous forme de lendemains qui chantent et sa pratique de la confession rebaptisée autocritique.

Ensuite, les Églises n'ont pas su, pu ou voulu prendre la place du Parti. Aujourd'hui, il y a en Pologne moins de monde à la messe qu'au temps du régime prosoviétique, lorsque les prêtres apparaissaient comme des résistants à l'ennemi de la patrie et à l'oppresseur du peuple. En France, en Italie ou en Espagne, la baisse du vote communiste n'a pas engendré une remontée de la pratique religieuse.

Au contraire, les deux courbes ont connu des descentes parallèles, comme si se manifestaient le même rejet des appareils militants, le même doute d'un salut collectif et le même refus d'un partage égalitaire dont les premiers apôtres chrétiens avaient été les initiateurs : « Tous ceux qui étaient devenus croyants étaient unis et mettaient tout en commun. Ils vendaient leurs propriétés et leurs biens, pour en partager le prix entre tous, selon les besoins de chacun » (Actes des Apôtres, 2, 44-45).

Ce reflux peut aussi exprimer une désillusion à l'égard des messianismes planétaires. À une époque où beaucoup subissent les effets de la compétition mondiale et se replient sur les enracinements locaux ou les défenses corporatistes, la méfiance touche les grandes « internationales » de la pensée, suspectées de tendances cosmopolites. Est-ce un hasard si tant de récits ou de romans dénoncent avec une même vigueur les complots ourdis au Kremlin et au Vatican ?

Et pourtant, à côté de cet affaiblissement confessionnel, on ne peut nier un retour du religieux, souvent lié à des mutations théologiques et géographiques. En France, les baptêmes d'adultes sont fréquents et Lourdes reçoit, chaque année, cinq millions de pèlerins, dont deux millions de Français. En Angleterre, l'Église anglicane* déplore une pratique religieuse inférieure à 5 % des baptisés, et les catholiques sont désormais plus nombreux que leurs « frères séparés » à l'office dominical. Aux États-Unis (comme dans le monde entier), les juifs connaissent un relatif déclin numérique et sont déjà presque rejoints, dans les statistiques, par les mormons*. Qui aurait dit, voilà vingt ans, que les disciples de John Smith seraient aussi nombreux que le peuple de la Bible ?

Tout n'est certes pas seulement affaire de chiffres, surtout pour une religion comme le judaïsme, qui aura donné à l'humanité, en moins d'un demi-siècle, Marx, Freud et Einstein. Cela dit, le progrès des moyens de communication entraîne un immense brassage des croyances et une délocalisation de la foi dans une sorte de course-poursuite entre l'effort missionnaire et la conscience planétaire. On disait naguère que le canton suisse du Valais était l'une des régions les plus catholiques du monde, et l'on y fermait d'ailleurs les cafés pendant la messe. Mais voici que le bouddhisme tibétain* y organise avec succès des retraites. Il faut bien parler d'une nouvelle géographie des religions quand on prêche Bouddha au pied du Cervin.

Dans les limites de cet ouvrage, une première partie décrira ces migrations religieuses qui ne sont d'ailleurs pas sans effet sur le contenu, ou du moins sur l'expression de la foi : quand la majorité des anglicans sont désormais des Noirs, on se doute que l'anglicanisme n'est plus tout à fait celui de la reine Victoria.

Dans une seconde partie, on cherchera, au contraire, les éléments de permanence : pourquoi, malgré la sécularisation du monde contemporain, les individus et les groupes cherchent-ils des repères au-delà de l'humain ? Sur l'infini retard de la « mort de Dieu » il conviendra aussi de se faire une religion.

Et il faudra bien se méfier des fausses évidences. Car tous les fidèles ne croient pas ce que professe leur religion et celle-ci peut d'ailleurs proposer des espérances différenciées.

Nombre de catholiques ne croient pas à la virginité perpétuelle de Marie, qui fait pourtant partie de la doctrine officielle de leur Église. Certains juifs croient en une résurrection des morts après le retour du Messie, d'autres placent leur espoir dans l'idéal sioniste d'un Israël paradisiaque. Et les deux options peuvent se combiner dans les mêmes cœurs : le bloc de la foi n'est pas sans failles et la plasticité d'une religion est le meilleur garant de son avenir. Lequel relève autant de convictions évolutives que d'une foi inébranlable.

Première partie

LE BRASSAGE DES CROYANCES

I

LES RELIGIONS SE CONCURRENCENT

Dans l'histoire des langues, il n'y a guère de mot plus discuté que celui de « religion », dont l'étymologie divise croyants et incroyants : peut-être craint-on de découvrir les origines du culte et de dévoiler le mystère d'une religion dont, en disséquant le terme, on profanerait le nom ?

Balzac écrivait que « religion veut dire lien ». À la suite du théologien chrétien Tertullien, il voyait dans la religion un moyen privilégié qu'ont les hommes de se lier entre eux en se liant aux dieux. La religion serait le remède à l'individualisme et l'antidote à la solitude de ceux qui ont coupé les ponts entre la Terre et le Ciel.

Mais, pour Cicéron et d'autres auteurs latins, la religion n'exprime pas l'idée de relier (*religare*), mais celle de recueillir (*relegere*) des traditions et de conserver des obligations avec « scrupule » (*reli-*

gio). Recueils de prières, recueillement de l'esprit, récollection méditative seraient les fruits de cette cueillette qui est un choix d'écrits et de paroles, un bouquet spirituel. Mais tout choix suppose aussi une exclusion, un refus de beautés ou de vérités inconciliables, à moins de transformer le florilège en pot-pourri.

La tentation du syncrétisme

Chaque religion oscille donc entre deux attitudes opposées. D'un côté, elle craint d'exclure et d'oublier, de se fermer aux apports d'un ailleurs ou d'un avant qui pourraient l'enrichir : le christianisme a repris à son compte le livre saint du judaïsme en le baptisant Ancien Testament, et l'islam a largement puisé dans la Bible en révérant, entre autres, Abraham et Jésus. Par cette collecte minutieuse, les religions s'opposeraient à une modernité faite d'oublis et de ruptures. Elles refuseraient un abandon du patrimoine en mêlant étroitement le cultuel et le culturel. En ce sens, on peut dire, avec Michel Serres, que le contraire de la religion, c'est la négligence.

Mais cette démarche collective n'est pas exhaustive. Chaque religion refuse des apports de doctrine et des renforts de fidèles de peur de perdre son identité. Le judaïsme a nié l'héritage de la religion cananéenne*, à laquelle il doit pourtant le nom même de son dieu, El, qui deviendra Élohim, l'une des deux appellations (avec Yahvé) du Dieu de la Bible. Le christianisme a toujours réfuté l'influence de la religion iranienne*, qui lui a pourtant légué le paradis (jardin iranien), le « bon Dieu » (opposé au principe du Mal), les « Rois mages » (des prêtres de Zoroastre*), le cierge pascal (rappelant les temples du feu iraniens) et la date de Noël (le solstice d'hiver, fête du « soleil invaincu » dans le culte de Mithra*).

En ce sens, pour maintenir la cohérence de la foi et la cohésion des croyants, les religions n'hésitent pas à se couper de certaines de leurs racines, voire à élaguer quelques-unes de leurs branches dites hérétiques. En opposant doctrines orthodoxe et hétérodoxe, elles estiment qu'on ne saurait être autre et penser droit.

Mais le pire ennemi des religions, c'est le syncrétisme, ce mélange de doctrines ou de traditions dont la version populaire veut que « toutes les religions se valent » et la version utilitaire que toutes les religions répondent aux mêmes besoins. Pourtant, au sens premier, le syncrétisme était

Les principales religions du monde en 2003
(en millions de fidèles)

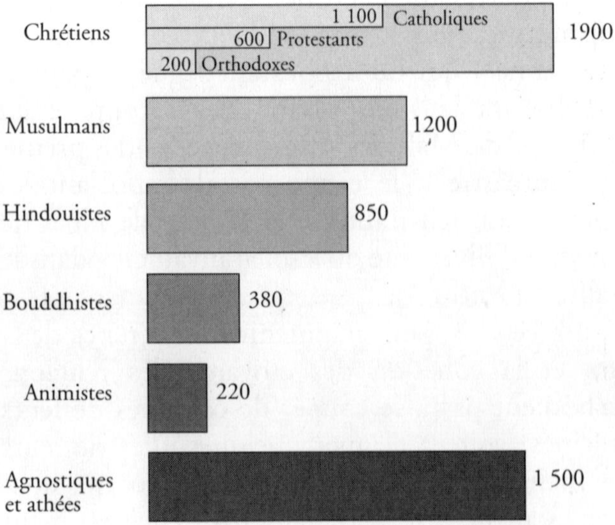

Figure 1 : Ces chiffres sont des ordres de grandeur très approximatifs, les statistiques variant beaucoup selon les sources. Pour les chrétiens, on recense tous les baptisés, pratiquants ou non. Pour les musulmans, d'une manière générale, tous les habitants d'un pays officiellement islamique (par exemple, l'Arabie saoudite ou l'Iran) sont considérés par les autorités comme se rattachant à la religion de Mahomet.

Le chiffre des bouddhistes serait beaucoup plus élevé si on comptait tous les adeptes de la « religion chinoise » qui rapproche plus ou moins confucianisme, taoïsme et bouddhisme. De plus, la Chine étant encore officiellement athée, près des trois quarts de ses habitants sont considérés comme sans religion.

Le chiffre des animistes pourrait doubler si on comptait les adeptes de la « religion japonaise », qui est un mélange de bouddhisme et de shintoïsme, ce dernier culte étant souvent rattaché à l'animisme. De plus, de nombreux chrétiens et musulmans, notamment en Afrique et en Amérique latine, conservent des pratiques animistes.

Le nombre d'agnostiques (sans religion déclarée) et d'athées (sans Dieu) est à prendre sous toute réserve et correspond à des situations collectives autant qu'individuelles : dans certains pays, on est libre de ses opinions religieuses, mais, dans d'autres, on doit plus ou moins se rallier à la religion officielle, l'incroyance ne pouvant être affirmée publiquement.

une « union de Crétois », c'est-à-dire une alliance de deux cités de cette île contre un ennemi commun : en prouvant que l'union fait la force, ils mettaient de côté leurs différends économiques ou idéologiques sans pour autant les nier. Il est vrai que les entorses à la franchise ne leur coûtaient guère puisque, dans le monde grec, « agir en Crétois » signifiait être fourbe…

Les exemples de syncrétisme sont multiples : on parle couramment de religion gréco-romaine ou judéo-chrétienne. Mais le christianisme est lui-même le fruit de l'histoire sainte des juifs et de la philosophie des Grecs. La religion japonaise synthétise le culte de la fécondité du shintoïsme* avec l'apprivoisement de la mort du bouddhisme. La religion chinoise harmonise l'ordre confucéen, l'équilibre taoïste et la sérénité bouddhiste. Exemple extrême du syncrétisme, le caodaïsme* du Vietnam révère le Christ, Bouddha, Confucius, Sun Yat-sen, Jeanne d'Arc et… Victor Hugo : des incommodes voisins de l'Empire chinois aux colonisateurs de la République française, chaque puissance devait être ainsi vénérée et apaisée à travers les grands hommes.

L'espérance œcuménique

Au syncrétisme, aussi souvent renié que vécu, les religions préfèrent l'œcuménisme, ce rapprochement des doctrines de la « terre habitée » (*oïkoumen*) né, dans l'entre-deux-guerres, du scandale des pays chrétiens qui s'entre-tuaient. Le texte de l'Évangile de la messe du 1er août 1914 annonçait : « Tes ennemis t'environneront de tranchées » (Luc, 19, 43). Prêtres et pasteurs des deux camps l'avaient commenté de leur point de vue nationaliste avant que, pris de remords, ils en vinssent à prêcher la réconciliation des peuples et des Églises. Plusieurs religions ont eu leurs conciles œcuméniques, notamment le bouddhisme, mais le plus célèbre des Temps modernes demeure celui de Vatican II (1962-1965), « le plus grand événement du XXe siècle », selon une formule prêtée au général de Gaulle. Ce concile, qui souhaitait promouvoir l'unité des chrétiens et le dialogue des religions, fut justement, grâce au rôle majeur des cardinaux de Lille et de Cologne, le fruit de la réconciliation franco-allemande et, par la coopération des évêques du monde entier, un équivalent spirituel des Nations unies. Et à l'œcuménisme entre Églises chrétiennes s'ajoute le dialogue interreligieux avec des confessions qui ne se réclament pas du même dogme ou du même dieu.

Néanmoins, la concurrence demeure vive entre les religions, dont plusieurs se veulent universelles, c'est-à-dire, en grec, « catholiques ». Si quelques religions, comme le judaïsme, s'attachent à un peuple et certaines, comme l'hindouisme*, à une culture, d'autres ont vocation à convertir la planète : rien dans l'islam, le bouddhisme ou le christianisme n'est exclusif d'une civilisation ni incompatible avec une nationalité. Quant à l'animisme, si proche de la nature, en cette époque de migration des nuisances, il ne peut que répéter : « Nous n'avons qu'une seule terre. »

Deux attitudes sont possibles pour gérer les particularismes ethniques ou politiques : on peut soit prêcher partout la même religion en respectant les différences culturelles, soit prendre acte du pluralisme religieux en tâchant de l'intégrer à une même culture. La première attitude fut celle de saint Paul, qui disait vouloir se faire « Grec parmi les Grecs et juif parmi les juifs ». La seconde attitude était celle des Grecs ou des Romains, qui voyaient partout des équivalents à leurs dieux et à leurs déesses : la Vénus de Rome s'appelait Aphrodite en Grèce, Cybèle au Proche-Orient et Ishtar à Babylone.

Aujourd'hui, comme dans l'Antiquité, les relations commerciales et les conflits militaires modifient sans cesse l'atlas des religions. Certains jouent donc la carte de l'inculturation*. Par exemple, quand les missionnaires chrétiens sont arrivés en Afrique équatoriale, ils ont été bien embarrassés pour expliquer le psaume 51 : « Purifie-moi, Seigneur, et je serai blanc plus que la neige. » Ils ont donc traduit en langue bantoue : « Purifie-moi, Seigneur, et je serai noir comme de l'ébène. »

De telles adaptations ont facilité l'essor mondial des religions. Mais elles butent sur l'attachement aux traditions locales qui permet aux anciennes croyances de subsister sous la foi nouvelle : les religions ne sont pas seulement réparties dans le monde, elles sont aussi superposées. Le catholicisme breton intègre nombre d'éléments de l'ancienne religion celte et beaucoup de ses « saints » légendaires possèdent les pouvoirs des druides. L'islam africain véhicule des pratiques animistes et ses marabouts se font sorciers lorsqu'ils mêlent le Coran et les gris-gris.

Évolution des religions en Europe et dans le bassin méditerranéen
(en pourcentage de la population totale)

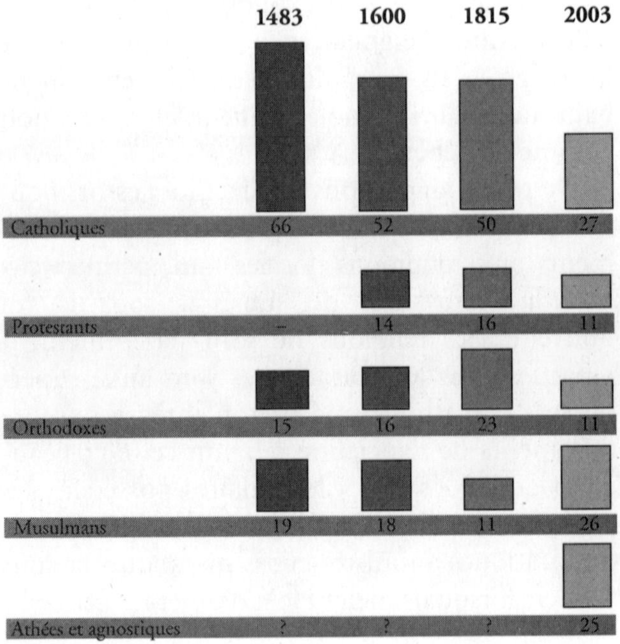

Figure 2 : À partir du XVIe siècle, la Réforme* protestante et la Contre-Réforme catholique ont divisé la chrétienté. Cinq siècles plus tôt, avant le schisme entre Orient (orthodoxes) et Occident, il n'y avait, officiellement du moins, qu'une seule Église chrétienne. Ce tableau montre l'importance de la division des chrétiens.

L'orthodoxie a beaucoup souffert, au XXe siècle, de la victoire du communisme athée en Europe de l'Est. Le reflux de celui-ci pourrait inaugurer une légère remontée du christianisme oriental.

L'islam a connu, entre le XVIIe et le XIXe siècle, un fort recul lié à l'effondrement de l'Empire ottoman et à la colonisation des pays asiatiques et africains riverains de la Méditerranée par des puissances chrétiennes. L'indépendance de ces anciennes colonies et leur forte croissance démographique expliquent la rapide remontée de l'islam, également très présent dans la population immigrée en Europe.

Avant le XXe siècle, on ne peut chiffrer l'agnosticisme ni l'athéisme, ce qui ne signifie pas leur inexistence. Au XXIe siècle coexistent un agnosticisme et un athéisme individuels, plutôt en hausse, ainsi qu'un athéisme collectif (régimes marxistes), en forte baisse depuis l'effondrement de l'URSS.

Le brouillage des repères

L'actuelle mondialisation des échanges tend à généraliser les mixages de croyances au point de brouiller les repères géographiques et théologiques traditionnels. Les responsables religieux dénoncent d'ailleurs ce « supermarché de la foi » où chacun peut se construire une religion en kit, un peu comme dans ces cultes du cargo* mélanésiens où des prophètes locaux promettaient aux indigènes différentes marchandises de l'étranger s'ils suivaient leurs consignes. Mais peut-on brocarder cette « religion de pacotille » en refusant que l'économie influence les croyances ? À Téhéran, c'est une grève du Grand Bazar qui a porté au gouvernement le régime des ayatollahs et, à Moscou, l'effondrement du communisme a entraîné la venue des sectes* américaines. Le pouvoir spirituel n'est pas sans lien avec la Bourse des valeurs.

Dans cette mesure du divin, il n'est guère facile de discerner les enjeux et les parties : comparer les religions est tâche ardue puisque toute foi se veut unique. On évoque parfois les « trois monothéismes » en parlant du judaïsme, de l'islam et du christianisme. C'est oublier que les bouddhistes, surtout ceux du Petit Véhicule* (ou *hinayana*), se réfèrent à un principe spirituel unique et que l'hindouisme considère Brahma, Shiva et Vishnou comme les « trois formes » (*trimûrti*) d'une même essence divine. En un sens, les croyants de la Terre entière peuvent chanter le choral de Jean-Sébastien Bach : « Nous croyons tous en un seul Dieu. »

On parle aussi, à propos des mêmes confessions, des « trois religions du Livre » parce qu'elles se réfèrent à la Bible, au Coran et à l'Évangile et qu'en grec « Bible » veut dire « livre ». Il vaudrait pourtant mieux parler de religions des Livres (« bible », en grec, est un pluriel), sachant que, dans toute civilisation possédant une écriture, les religions ont leurs livres sacrés : les Avesta* iraniens ou les Veda* hindous sont tout aussi imprimés que les versets de la Bible ou les sourates* du Coran. Et, à l'exception des quelques cultes à mystères, depuis que les ethnologues ont noté les prières orales des sociétés dites primitives, toutes les religions du monde possèdent des livres sacrés.

Force est donc de recourir à une méthode somme toute démocratique : étudier les parcours des religions ayant le plus grand nombre de fidèles dans le monde. Cette sorte d'« Audimat » des voix célestes place en tête le christianisme, que suit l'islam, c'est-à-dire les deux religions « filles » du judaïsme dans la mesure où ces trois confessions se réfèrent à Abraham et à sa lignée, tout en empruntant nombre d'éléments à la foi du peuple d'Israël (*cf.* tableau p. 18). Puis on étudiera des religions extrême-orientales relativement groupées : l'hindouisme, le bouddhisme, le taoïsme* et le shintoïsme* ne peuvent être envisagés séparément tant sont importants leurs liens historiques et philosophiques. Enfin, il ne faut pas oublier l'animisme, présent un peu partout dans le monde par l'adoration des éléments cosmiques et professant, dans notre univers d'artifices, le grand retour de la nature.

Ce tour du monde des grandes religions traditionnelles n'englobe pas les « nouvelles religions » : 150 millions d'humains adhèrent à des religions qui n'existaient pas voilà 150 ans (mormons, témoins de Jéhovah, bahias, etc.). Des religions meurent ou naissent constamment, et toute grande religion fut, au début, une petite secte. La compétition du surnaturel est aussi impitoyable que la sélection naturelle. Mais les anciennes Églises bénéficient, comme les vieilles pierres, du privilège de l'authenticité et du prestige de l'historicité ! Elles méritent donc une attention prioritaire.

II

LE CHRISTIANISME SE DÉCENTRE

L'histoire du christianisme semble se confondre avec celle de l'Europe et, d'ailleurs, les « parrains » de l'Europe politique furent des démocrates-chrétiens : l'Allemand Adenauer, l'Italien De Gasperi et le Français Robert Schuman, trois dirigeants de l'ouest du continent et trois défenseurs de l'Europe atlantique.

Cette Europe chrétienne a pour patron saint Benoît (v. 480-v. 547), patriarche des moines d'Occident, et pour symbole Charlemagne (747-814), premier empereur d'Occident. Si le patronage du premier, fondateur de l'ordre des bénédictins, ne fait guère problème, celui du second est sujet à caution : en modifiant la formule du Credo (je crois en Dieu) par l'introduction du *filioque* (le Saint-Esprit procède du Père *et* du Fils et non du Père *par* le Fils), Charlemagne prépara la grande coupure de l'Europe et de la chrétienté entre orthodoxes et catholiques.

Le déclin de l'Europe chrétienne

Depuis ce schisme (1054), il y a deux Europes chrétiennes, celle d'Orient et celle d'Occident. Neuf cents ans plus tard, leurs frontières sont encore des lignes de fracture, voire des champs de bataille : en Russie, en Ukraine ou dans l'ex-Yougoslavie, on s'affronte toujours entre orthodoxes et catholiques, c'est-à-dire entre partenaires et adversaires de la « Sainte Russie » et de la « Rome éternelle », dont chacun est sommé d'être l'allié ou l'ennemi. Et, lorsque Staline et Hitler rêvèrent l'un et l'autre de fonder une « nouvelle Rome », ils reprirent la vieille guerre opposant chrétiens d'Orient et d'Occident, celle qui avait dressé, en 1242, le grand-duc de Novgorod contre les chevaliers Teutoniques et qu'immortalisa le film d'Eisenstein *Alexandre Nevski*.

À partir de 1917 et, plus encore, de 1945, l'Europe de l'Est et le christianisme oriental connurent une nouvelle « orthodoxie », celle du marxisme-léninisme, qui entreprit d'éradiquer la religion traditionnelle. Les conséquences furent catastrophiques pour la confession orthodoxe, dont le nombre de fidèles dans le monde diminua probablement de moitié. Le récent effondrement des régimes communistes signifierait donc une revanche de la foi chrétienne, et, déjà, on observe dans la nouvelle Russie capitaliste, sinon une forte augmentation de la pratique religieuse, du moins un retour de l'Église institutionnelle orthodoxe et une prolifération de sectes.

Néanmoins, les deux « orthodoxies », marxiste et chrétienne, ont parfois su faire bon ménage dans la lutte contre les puissances occidentales : en 1941, lorsque l'Allemagne attaqua la Russie, Staline reçut l'appui du patriarche de Moscou, qui se joignit au « Petit Père des peuples » pour contrer cette « marche vers l'est » des Allemands et de leurs alliés de l'Ouest européen.

Les derniers assauts spirituels contre le communisme vinrent de l'Ouest, de la Pologne catholique et du pape Jean-Paul II. Ils réussirent à vaincre le système marxiste incarné par le maître du Kremlin, qui gouvernait dans son palais rempli d'icônes et de cathédrales. Désormais rendues au culte, celles-ci veillent sur Moscou, la « troisième Rome », toujours rivale de la première.

La primauté du Nouveau Monde

S'il y a bien deux Europes chrétiennes, celle d'Occident fut, à partir du XVIe siècle, elle-même divisée entre une Église de la papauté et des Églises de la Réforme. Leur nombre relatif de fidèles est, depuis lors, resté remarquablement stable : il y a en Europe environ un protestant pour deux catholiques. Et les frontières des deux confessions n'ont guère varié : en Alsace ou dans les Cévennes, les mêmes villages sont, depuis quatre cents ans, papistes ou huguenots.

L'une des rares exceptions à cette stabilité est la ville de Genève : en effet, la cité de Calvin, la plus « parpaillote » des métropoles, compte aujourd'hui une majorité de catholiques. Cette mutation est liée à l'afflux d'organismes internationaux et de leurs représentants étrangers : les racines religieuses s'y entremêlent dans un milieu de fonctionnaires « transplantés ».

Mais ces deux Europes ont émigré vers le Nouveau Monde au point que le christianisme est une religion de moins en moins ancrée au Vieux Continent : il y a aujourd'hui deux fois plus de chrétiens en Amérique qu'en Europe. En 1939, les trois premiers pays catholiques du monde étaient la France, l'Italie et l'Allemagne. Aujourd'hui, ce sont le Brésil, le Mexique et les Philippines, suivis des États-Unis. On appelait naguère la France « fille aînée de l'Église » parce qu'elle était le pays catholique le plus peuplé. Mais désormais, la faible natalité aidant, l'Europe voit naître de moins en moins de chrétiens. Cette baisse explique en partie les discours du pape sur la contraception.

Au temps des grandes découvertes et des guerres de Religion, les rivalités de peuplement existaient déjà et les colonies d'Amérique étaient évangélisées séparément. Les catholiques débarquèrent avec les caravelles de Christophe Colomb et les protestants arrivèrent avec les pèlerins du *Mayflower*. Le Québec était catholique et français comme la Nouvelle-Écosse était britannique et anglicane. On appliquait au Nouveau Monde les principes de l'Ancien : « Telle région, telle religion. » Ce qui, en politique, voulait dire : « Tel roi, telle foi. »

Aujourd'hui, ces repères sont effacés : il n'y a plus une Amérique du Sud latine et catholique contre une Amérique du Nord anglo-saxonne et protestante. Certes, aux États-Unis, le protestantisme demeure majoritaire, mais les épiscopaliens, descendants des anglicans de la Nouvelle-Angleterre, sont vingt fois moins nombreux que les catholiques, eux-mêmes renforcés par l'importante immigration mexicaine. Et les protestants ne gardent leur courte prééminence que grâce aux renforts des fidèles de couleur, notamment les Noirs baptistes. La Réforme, venue de l'Europe du Nord, est ainsi renouvelée par les Africains-Américains.

Attaquée sur ses terres nord-américaines, la Réforme prend sa revanche en Amérique centrale et du Sud, naguère chasses gardées du catholicisme. Passé le Rio Grande prospère une myriade d'Églises aux noms les plus divers : adventistes, pentecôtistes, salutistes, évangélistes, unitariens se disputent les faveurs des habitants et alignent leurs nombreux temples le long des mêmes rues. C'est en Amérique latine que la Réforme exprime le mieux les avantages et les inconvénients de ses divisions, incapable de présenter un front uni mais toujours prête à se diversifier.

Au siècle dernier, ces protestants latino-américains souhaitaient propager la révolution industrielle et secouer la torpeur des élites catholiques, supposées assoupies dans la douceur campagnarde de leurs latifundia. Mais aujourd'hui ils s'opposent au progressisme catholique de la théologie de la libération et à ses professions de foi anticapitalistes. Ce protestantisme conservateur recrute nombre de fidèles parmi les milieux dirigeants, y compris parmi les chefs d'État, et apparaît parfois aux classes pauvres comme le déguisement spirituel de l'« impérialisme yankee ».

Si les multiples Églises ou sectes protestantes ont presque toutes la même idéologie procapitaliste, l'Église catholique, derrière une façade d'unité, masque un schisme de fait entre une Église légitimiste et sécuritaire, qui défend l'ordre établi, et une Église des pauvres, qui prône un « désordre inspiré » fondé sur la libération des hommes et le partage des richesses.

En cela elle reste fidèle à son ambiguïté historique : elle fut, d'un côté, l'obligée du colonisateur européen, de l'autre, le défenseur de l'Indien opprimé. Tantôt les curés ont brandi la bannière et le fusil pour conquérir l'indépendance et la démocratie, tantôt ils ont associé le goupillon au sabre pour conserver le pouvoir et l'argent. Cléricalisme et anticléricalisme y sont tour à tour de gauche et de droite, tandis qu'État et Église entretiennent toujours de difficiles relations entre ce que Graham Greene appelait « la puissance et la gloire ».

Le christianisme dans le monde
(en millions de fidèles)

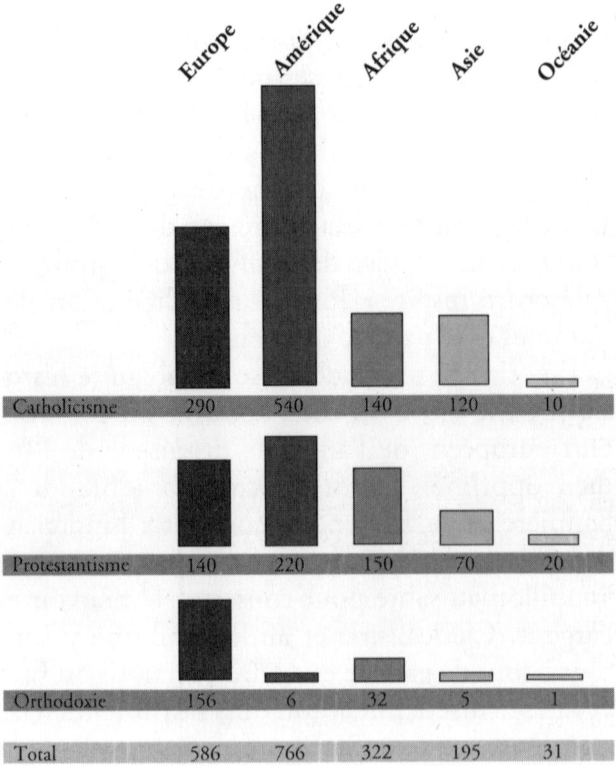

Figure 3 : Les cinq premiers pays catholiques du monde sont, par ordre décroissant, le Brésil, le Mexique, les Philippines, les Etats-Unis et l'Italie. Un seul est donc européen. Mais le nombre de fidèles n'est pas l'unique critère de rayonnement d'une religion ou d'un pays croyant. Il faut aussi tenir compte des moyens intellectuels et financiers mis au service de l'évangélisation. De ce point de vue, pour les catholiques comme pour les protestants, l'Europe et les États-Unis jouent un rôle essentiel.

Il est très difficile de rattacher les diverses Églises protestantes à l'une des grandes branches de la Réforme, dans la mesure où les séparations sont aussi bien nationales, ou locales, que doctrinales. Ainsi, de nombreuses Églises portent le label « évangélique » sans que ce terme ait une signification précise. Avec ces réserves, les protestants les plus nombreux sont luthériens, grâce, notamment, à l'Allemagne et à la Scandinavie. Les calvinistes sont désormais dépassés par les baptistes, nombreux parmi les Noirs américains. Les anglicans sont difficiles à caractériser, autant par le nombre (ils semblent se situer entre les luthériens et les baptistes) que par la foi, tant leurs théologies et leurs liturgies sont diverses.

L'orthodoxie, la confession la plus fidèle à la tradition des Pères, est aussi celle qui s'est le moins exportée dans les « pays neufs », les grands pays orthodoxes (Russie, Grèce) n'ayant guère eu de colonies.

Ce tableau pose le problème des limites du christianisme, qui sont loin d'être évidentes. Ainsi, parmi les protestants, on n'a pas compté les mormons, dont la foi contient de nombreux éléments extérieurs à la Révélation biblique. En revanche, parmi les orthodoxes et conformément à un usage sociologique plus ou moins justifié, on a placé les coptes d'Égypte et l'Église éthiopienne, qui sont des monophysites très « hétérodoxes » par rapport aux autres chrétiens.

Afrique et Asie entre Rome et la Réforme

En Afrique, les missionnaires ont souvent suivi les soldats pour diffuser la religion des puissances coloniales : le catholicisme de la République française et du royaume des Belges ou le protestantisme de la Couronne britannique. Aujourd'hui, les deux confessions se retrouvent presque à égalité sur le continent, la première étant nettement majoritaire en Afrique francophone et la seconde en Afrique anglophone.

Le catholicisme a bénéficié du prestige de la liturgie romaine mais souffre du célibat des prêtres. Le protestantisme profite de la souplesse de son organisation décentralisée mais pâtit du déclin de l'anglicanisme, relayé désormais par les missions américaines. Le Nigeria est désormais le deuxième pays protestant du monde (derrière les États-Unis), à égalité avec l'Allemagne et la Grande-Bretagne. Enfin, l'Afrique du Sud illustre à la fois la diversité et les contradictions du christianisme africain : l'Église calviniste* des Afrikaners, d'origine hollandaise, défendait l'apartheid, tandis que l'Église anglicane affirmait l'égalité des Noirs ; à ce titre, son archevêque du Cap, Mgr Desmond Tutu, a reçu le prix Nobel de la paix en 1984.

Si, grâce à l'immigration européenne, le christianisme (surtout le protestantisme) demeure largement majoritaire en Océanie, il représente moins de 7 % de la population en Asie, où il n'a jamais pu rivaliser ni avec l'islam ni avec les religions extrême-orientales. Il a cependant réussi de belles percées grâce au fort taux de natalité que connaissent ces pays et à un courant de conversions : les Philippines sont devenues le troisième pays catholique du monde, et les chrétiens (en majorité protestants) représentent aujourd'hui près de la moitié de la population sud-coréenne : au pays du Matin calme, les disciples de Jésus sont désormais aussi nombreux que ceux de Bouddha.

Les « Églises cathodiques »

La classification par continent ne suffit plus à la géographie religieuse : on doit tenir compte des télévangélistes américains et, plus généralement, de tous les programmes radiotélévisés à contenu spirituel qui, transmis par satellite, construisent par les voies du ciel une « Église cathodique ». Un des grands défis pour les religions traditionnelles réside désormais dans le contrôle audiovisuel de la transmission de la foi :

aujourd'hui, on lit peut-être moins les Tables de la Loi dans la Bible qu'on ne regarde les émissions religieuses de la télévision et qu'on ne visionne *Les Dix Commandements* de Cecil B. De Mille ou *Le Décalogue* de Krzysztof Kieslowski.

Voilà près de deux mille ans, l'avenir de la foi chrétienne dépendait de la barque de saint Paul, soumise aux vents porteurs et aux naufrages. Aujourd'hui, les courants d'opinion se forment sur les canaux médiatiques et les « autoroutes de l'information ». De cette guerre des ondes surgissent des idées-force à contenu religieux. Elles rappellent que la propagande, au sens premier, c'est la diffusion de la foi, le combat missionnaire livré jusqu'aux extrémités du monde connu selon les moyens de l'époque : l'apôtre, dans l'Athènes païenne, c'était le chef d'une expédition navale. Aujourd'hui, ce serait plutôt le prédicateur de la messe télévisée.

Ces mutations du christianisme sont aussi un retour aux origines. Saint Paul, l'auteur ou le coauteur des Épîtres, était un juif syrien né sur le territoire de l'actuelle Turquie, de langue grecque et de citoyenneté romaine. En ses débuts, l'Église chrétienne se développa plus en Orient qu'en Occident : au IVe siècle, 80 % des églises locales étaient situées en Afrique ou en Asie, et, au

XIIIe siècle encore, il y avait autant de diocèses en Inde qu'en France. Et c'est à Antioche, près de la frontière syro-turque, que, pour la première fois, le nom de « chrétiens » fut donné aux membres d'une petite secte juive, celle des disciples de Jésus.

Le christianisme a donc longtemps été une religion européenne issue de l'outre-mer. Europe, dans la mythologie, était mère d'un roi crétois (Minos), épouse d'un dieu grec (Zeus), fille d'un roi phénicien (Agénor) et petite-fille de Libye l'Africaine. Europe était donc, à l'image de la Crète, équidistante de trois continents : elle était un croisement de races et un carrefour de peuples. Né dans cet environnement « européen », autour de cette mer médiatrice qu'est la Méditerranée, le christianisme demeure, à travers la référence à un même dieu sauveur, un métissage religieux et une synthèse philosophique.

Mais ses fractures demeurent profondes et le « choc des civilisations » n'oppose pas seulement le christianisme aux autres religions, notamment à l'islam. La rivalité entre les Églises est moins meurtrière mais aussi répandue. Maintenant que toutes les terres du monde (ou presque) ont été évangélisées, les pays de mission sont des marchés concurrentiels. L'offre religieuse vient principalement de l'Église catholique et de nouvelles Églises, souvent d'origine baptiste ou pentecôtiste. Celles-ci, à défaut de la puissance hiérarchique de leur grande sœur, possèdent une remarquable souplesse liée à leur décentralisation. La demande spirituelle, souvent axée sur le merveilleux et les guérisons, est également satisfaite par des Églises locales (Église universelle du règne de Dieu au Brésil, Église kimbanguiste au Congo) et récentes, aux cultes spontanés et aux « miracles » abondants. La résistance des Églises protestantes traditionnelles et de l'Église catholique romaine s'organise difficilement : les premières souffrent de leur manque de coordination et la seconde du difficile célibat des religieux. Le protestantisme a toujours buté sur la question de l'autorité et le catholicisme sur celle du sacerdoce.

III

L'ISLAM SE MONDIALISE

Au premier abord, l'islam est moins complexe que le christianisme, et cette relative unité conceptuelle est souvent apparue comme une des raisons de son succès : une confession du Dieu unique (pas de Trinité) et du Livre unique (un Coran au lieu de deux Testaments), une religion sans Église hiérarchique (du moins dans le sunnisme*) ni prêtres médiateurs, ainsi qu'une théologie épargnée par les « querelles byzantines », ont semblé tracer un droit chemin entre la Terre et le Ciel.

On pourrait même parler de « simplicité biblique » puisque la civilisation du Coran est très proche de celle de la Bible et qu'en Arabie comme en Palestine les hommes parlaient des langues apparentées dites sémitiques. Au vu de ces ressemblances, un auteur a même pu écrire que « la Bible est née en Arabie ». Plus fondamentalement, on doit signaler une impropriété dans l'usage du mot antisémite. Ce terme, forgé dans la fureur antijuive de la fin du siècle dernier, devrait logiquement désigner toute hostilité à des peuples de langue sémitique, qu'ils parlent l'hébreu ou l'arabe, qu'ils soient israéliens ou palestiniens.

Dans ce milieu culturel, l'islam apparaît comme un conservatoire des traditions proche-orientales ou sémitiques, et comme la quintessence de ce monothéisme dans lequel Ernest Renan voyait la religion du désert, celle de Moïse dans les montagnes du Sinaï et de Jésus sur les hauteurs de Judée. Les sémites, écrivait Renan, « ne comprirent point en Dieu la variété, la pluralité, le sexe : le mot déesse serait en hébreu le plus horrible barbarisme ». En cela, l'islam s'affirma aussi rebelle que le judaïsme aux divinités féminines grecques et romaines comme à toute sacralisation du corps humain. Et il a conservé sur ce sujet une pudeur qui est bien antérieure à Mahomet : le port féminin du voile était déjà imposé par les tablettes assyriennes du roi Téglath-Phalasar Ier, mille sept cents ans avant le Prophète.

Les cycles du Croissant

Lorsqu'en Europe occidentale on s'inquiète aujourd'hui de la « poussée islamiste », d'une montée intégriste ou d'une présence musulmane dans les quartiers populaires de Marseille ou de Birmingham, on prend acte de ce mouvement de flux et de reflux commencé voilà treize siècles. Après la foudroyante avancée du Ier siècle de l'hégire, l'islam proche-oriental a lentement reculé, à partir du moment où Charles Martel arrêta à Poitiers les Sarrasins (732) et jusqu'à ce qu'Isabelle la Catholique les chassât d'Espagne (1492). Au XIXe siècle, la colonisation européenne porta cette « reconquête » en Afrique du Nord comme en proche Asie, et, logiquement, la décolonisation puis l'immigration ont inversé le phénomène et pris l'allure d'une défaite pour le christianisme occidental.

Mais les périodes cycliques de ce Croissant vert semblent aléatoires. En 1071, après la victoire des Turcs sur les Byzantins à Mantzikert, ou en 1453, après la prise de Constantinople par les Turcs, les futurologues auraient donné l'islam gagnant contre le christianisme alors que, quarante ans après cette dernière date, il avait quitté l'Europe de l'Ouest comme si, entrant en

Europe par la Sublime Porte des Ottomans, il était sorti par la fenêtre de Grenade.

Depuis plus de mille ans, une subtile partie politico-religieuse oppose trois confessions souvent liées à trois empires : l'islam, le catholicisme et l'orthodoxie. Un pays avait permis aux trois obédiences de coexister : la République des Slaves du Sud, dite Yougoslavie. Son éclatement a marqué le retour des affrontements entre Croates catholiques, Serbes orthodoxes et Bosniaques musulmans.

Une ville symbolise cet antagonisme des pouvoirs et des croyances : Istanbul, qui est à la fois l'ancienne Constantinople, ville de Constantin (le premier empereur romain chrétien), et l'ex-Byzance, la capitale de l'empire orthodoxe. Sur les rives du Bosphore, entre Europe et Asie, avec ses prestigieuses églises, basiliques et mosquées, Istanbul témoigne des conflits théologiques et stratégiques entre civilisations. Et cette ville, qui servit de cadre à tant de faits divers ou de romans d'espionnage, fut à la fois l'avant-scène de l'Occident culturel et le terminus de l'Orient-Express.

L'islam dans le monde
(en millions de fidèles)

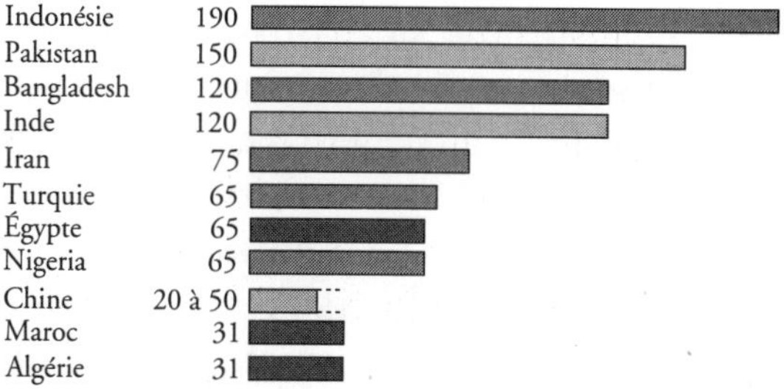

Figure 4 : Les sunnites représentent environ 90 % des musulmans et les chiites 10 %. Les cinq pays comptant le plus de chiites sont l'Iran, l'Inde, le Pakistan, l'Iraq et l'Afghanistan.

Un très grand flou caractérise les statistiques de la Chine : le gouvernement minimise le chiffre des musulmans (comme de toutes les minorités), mais les personnes de culte musulman, sinon de pratique musulmane, sont d'autant plus difficiles à repérer que leur foi se mélange parfois à diverses croyances locales pour former un syncrétisme bien délicat à identifier sur le plan religieux.

La disparition de l'URSS a réparti les musulmans de cet empire dans plusieurs États indépendants. Avant son éclatement, l'URSS comptait environ cinquante millions de musulmans.

L'Asie et l'Afrique abritent 98 % des musulmans, et l'Asie seule 65 %. Actuellement, la « poussée » islamique en Europe et en Amérique demeure donc modérée, et le sentiment inverse s'explique probablement par la visibilité de la communauté musulmane (jeûne du ramadan, construction de mosquées) et par sa concentration dans quelques grandes villes. Progressivement, l'islam s'acclimate en Europe et devient une référence spirituelle reconnue par les États et les sociétés.

La traversée de l'Indus

Mais l'expansion de l'islam ne saurait se réduire au seul continent européen. Depuis près de cinq siècles, la religion et la civilisation musulmanes progressent en Afrique, repoussant ou assimilant l'animisme traditionnel, lui-même souvent mélangé au christianisme introduit par les colonisateurs. D'ouest en est, de la Guinée à l'Éthiopie en passant par le Tchad et le Soudan, l'avancée de l'islam dessine une ligne verte qui coïncide rarement avec les frontières des États. Ceux-ci sont fréquemment partagés entre un Nord islamique et un Sud chrétien ou animiste, dont les conflits religieux attisent les rivalités économiques ou les guerres tribales.

Plus significative encore est la progression de l'islam en Extrême-Orient : suivant les routes du commerce ou les sentiers de la guerre, la religion musulmane a effectué, dans ce dernier demi-millénaire, une spectaculaire marche vers l'est. Des soldats turcs ont converti une partie de l'Inde et, à leur tour, des marchands indiens ont exporté leur foi dans les ports de Sumatra puis de Java, tandis que des négociants arabes apportaient le Coran en Chine par la route de la Soie. Désormais, les quatre premiers pays musulmans du monde (Indonésie, Pakistan, Bangladesh, Inde) sont tous situés à l'est de l'Indus ou sur les rives de ce fleuve, qui marque la principale frontière religieuse du monde : à son couchant naquirent les religions issues des prophètes du dieu unique (judaïsme, christianisme, islam) et, à son levant, les religions engendrées par des maîtres d'une spiritualté plurielle (hindouisme, bouddhisme, taoïsme, shintoïsme).

Le franchissement de l'Indus par l'islam fut le début d'une histoire contrastée dont témoignent aujourd'hui tant les splendeurs de l'architecture moghole que les horreurs de la guerre du Cachemire. D'un côté, les raffinements de la civilisation du Divan et, de l'autre, les affrontements entre hindous et musulmans. Le monument le plus célèbre de l'Inde est le mausolée islamique du Taj Mahal, mais sa guérilla la plus sanglante oppose partisans d'Allah et du Brahman, car la question religieuse demeure un problème majeur de la politique intérieure indienne et des relations entre l'Inde et le Pakistan.

Mais la rencontre entre l'islam et l'hindouisme a aussi eu des effets plus spirituels. Elle a notamment suscité, au XVe siècle, la fondation d'une religion, celle des sikhs, syncrétique et originale. Le sikhisme*, né au Pendjab, dans le bassin de l'Indus, représente aussi bien un effort de synthèse qu'un signe de discorde. D'un côté, son lieu saint, le Temple d'or d'Amritsar, est percé de quatre portes symbolisant l'accueil de toutes les castes hindoues et de toutes les religions du monde. D'un autre côté, l'histoire des sikhs est marquée par de nombreux épisodes guerriers, et l'évacuation de ce même Temple d'or par l'armée indienne fut la cause, en 1984, de l'assassinat du Premier ministre indien Indira Gandhi par ses gardes du corps sikhs.

Plus à l'est de l'Asie, le premier pays musulman du monde, l'Indonésie, connaît – comme la Malaisie voisine – une difficile coexistence entre l'islam (majoritaire), l'hindouisme, le christianisme, le bouddhisme et divers cultes syncrétiques. La Constitution impose, en principe, une foi monothéiste (y compris le bouddhisme), mais tolère les autres croyances. Dans ce paysage religieux bigarré, l'Indonésie symbolisait naguère un islam ouvert, ignorant souvent les interdits du porc et de l'alcool et préférant les coutumes locales (*adat*) à la charia*. Mais les progrès de l'intégrisme sont réels et, compte tenu de l'importance numérique des musulmans indonésiens, l'avenir planétaire de la vague islamiste se joue sans doute autant à Djakarta qu'au Caire ou à Alger.

L'empire éclaté

L'Indonésie fut aussi le théâtre de la plus sanglante rivalité entre l'islam et le marxisme : en 1965, un demi-million de communistes trouvèrent la mort lors d'une contre-révolution largement soutenue par les partis musulmans. En Chine, la cohabitation entre Allah et Mao n'a guère été plus facile et la pratique religieuse fut souvent réduite à la clandestinité, au point que, aujourd'hui encore, on ignore le nombre de musulmans dans ce pays : les chiffres vont de dix-huit à trente millions.

Dans l'ancienne URSS, le parti communiste et les responsables islamiques ont davantage collaboré, et cette relative entente a offert aux cinquante millions de musulmans soviétiques la possibilité d'une expression plus visible de leur foi. Désormais, dans cet empire éclaté, la référence au Coran peut constituer un nouveau pôle de regroupement dans lequel les anciennes républiques musulmanes se joindraient à des États voisins, comme le Pakistan, pour former un grand marché commun d'Asie centrale dont les contours géographiques rappelleraient l'empire mongol de Gengis Khan.

Aujourd'hui, pour une bonne partie de l'islam, l'adversaire est moins le marxisme soviétique que l'impérialisme américain. Naguère, les moudjahidines d'Afghanistan combattaient le « Grand Satan » athée avec l'aide de la CIA. Actuellement, les responsables américains craignent les islamistes, dont l'influence s'accroît sur le sol américain. Car les musulmans progressent aussi dans le Nouveau Monde, grâce à l'immigration et aux conversions de Noirs américains. En outre, le terrorisme islamiste justifié au nom du djihad (« effort ») évoque, à un siècle de distance, le terrorisme anarchiste du début du xxe siècle : la révolte des misérables a toujours besoin d'un socle idéologique.

Les nuances du vert

Par sa mondialisation, l'islam exporte à la fois ses institutions propres et ses conflits internes.

D'un côté, plusieurs exigences coraniques fondent le droit de nombreux pays. Ainsi, la loi islamique (charia) est déjà en vigueur en Mauritanie, en Libye, au Soudan, en Arabie, en Iran, en Afghanistan et au Pakistan, mais elle pénètre aussi, progressivement, l'Afrique musulmane.

De même, les banques islamiques (où l'argent est rémunéré par une commission fixe et non par un taux d'intérêt) sont désormais présentes dans presque tous les pays où vit une communauté musulmane. Enfin, la solidarité musulmane, par le biais d'organismes collectant l'aumône (*zakat*), s'exerce sur les cinq continents, où nombre de mosquées sont construites grâce à des subventions de l'Arabie saoudite ou des Émirats arabes. Et la répartition de ces différentes « mannes » devient un enjeu de pouvoir.

D'un autre côté, les musulmans répandent à la fois leur religion et leurs divisions, couvrant d'infinies nuances les flux de la vague verte. Le schisme principal, celui du chiisme*, lié à la légitimité des successeurs de Mahomet, fut d'abord cantonné aux confins de l'Iraq et de l'Iran, le long du bassin si convoité du Tigre et de l'Euphrate et près d'une frontière très disputée entre Arabes et Persans.

Aujourd'hui, les chiites sont majoritaires en Iran, en Iraq, en Azerbaïdjan et dans l'émirat de Bahreïn, tandis qu'ils représentent un quart des musulmans indiens et un sixième de ceux du Pakistan. Par ailleurs, près des deux tiers des chiites dans le monde ne sont pas iraniens, alors que leur confession est trop souvent confondue, en Occident, avec la patrie des ayatollahs.

Au sein du chiisme, les ismaéliens nizarites* méritent une mention particulière. Ces fidèles de l'Agha Khan constituent, dans le monde, une véritable diaspora ismaélienne dont le berceau se situe au nord du Pakistan, à l'abri de la barrière himalayenne. Mais ses quinze millions de membres, poussés par les nécessités économiques, se sont dispersés en Inde, en Afrique, en Europe et aux États-Unis. À l'exemple de leur maître, les disciples de l'Agha Khan réussissent d'ailleurs fort bien dans le domaine économique et diffusent souvent l'image d'un chiisme bien intégré dans le monde moderne.

Cependant, cet islam cosmopolite trouve toujours son unité dans les lieux saints d'Arabie et dans le pèlerinage à La Mecque. C'est en ce sens que, d'un bout à l'autre du monde, tout fidèle de l'islam, quel que soit son pays, a la foi enracinée en Arabie.

Les origines proche-orientales de l'islam font sa force et sa faiblesse. D'un côté, elles lui donnent une unité basée sur la langue (arabe) et la loi (la charia, issue de coutumes souvent préislamiques). De l'autre côté, elles le confrontent aux soubresauts politiques d'une région instable.

La question palestinienne mobilise les foules musulmanes et les problèmes de l'Arabie saoudite rejaillissent sur tout le monde musulman, même s'il n'apprécie pas toujours la théocratie de ce pays.

De plus, l'intégrisme et le terrorisme sont intimement liés à l'archaïsme économique et social de nombreux États islamiques, et le culte des martyrs s'enracine dans les injustices ressenties par plusieurs peuples face à l'« arrogance occidentale ». L'islam apparaît alors comme l'idéologie des damnés de la terre, rôle naguère dévolu au marxisme. Son avenir paisible dépend d'abord du développement économique, de la modernisation sociale et de la promotion de la femme.

IV

LES RELIGIONS EXTRÊME-ORIENTALES SÉDUISENT

À l'est de l'Indus sont apparues des religions fort différentes du judaïsme, du christianisme ou de l'islam. Moïse, Jésus et Mahomet ont parlé les langues d'une même famille (sémitique), vécu dans le même ensemble culturel et cultural du Croissant fertile et professé un strict monothéisme en réaction au polythéisme ambiant (égyptien, cananéen ou gréco-romain). Or aucune de ces caractéristiques ne se retrouve dans l'environnement des fondateurs de religions extrême-orientales et de leurs disciples actuels.

Pour les idiomes, l'Extrême-Orient est une véritable... tour de Babel si l'on songe à la diversité des langues et des écritures sino-tibétaines, polynésiennes, dravidiennes (au sud du sous-continent indien) et indo-européennes (au nord de celui-ci). Parmi ces dernières, le sanscrit, langue sacrée de l'hindouisme et langue primitive du bouddhisme, n'a été minutieusement étudié en Europe qu'à la fin du XVIIIe siècle : pendant près de deux millénaires, christianisme et bouddhisme ne purent donc guère dialoguer.

Les différences culturelles et culturales ne sont pas moins grandes. On doit au moins rappeler que les religions proche-orientales sont nées dans la civilisation du blé et de la vigne : le christianisme fit donc du pain et du vin les symboles du corps et du sang du Christ, voire, pour le catholicisme, le signe de sa présence réelle. Les religions extrême-orientales sont quant à elles plutôt nées dans une civilisation du thé et du riz. Et quand, à la fin du XVIe siècle, des missionnaires jésuites en Chine voulurent célébrer l'eucharistie avec les produits du pays (et dans les langues locales), une querelle des rites déclenchée par leurs adversaires dominicains et franciscains mit fin aux innovations des disciples de saint Ignace de Loyola et… aux conversions des Chinois.

Les mêmes incompréhensions se manifestèrent à propos de la culture de l'Inde, quand les missionnaires obligèrent les hindous fraîchement convertis à manger du bœuf et à se chausser de cuir. Des jésuites moins rigides se conformèrent aux usages locaux, respectèrent les fêtes traditionnelles, adoptèrent même le régime des castes, se faisant brahmanes parmi les brahmanes ou parias parmi les parias. Mais des membres de l'Inquisition dénoncèrent ces usages, dont certains étaient d'ailleurs socialement discutables, et les audacieux missionnaires abandonnèrent leurs pratiques.

Au bout du compte, la réserve des pays chrétiens à l'égard des religions extrême-orientales demeurait entière. En 1960, Daniel-Rops, auteur d'une monumentale *Histoire de l'Église du Christ*, pouvait encore dénoncer le bouddhisme chinois, « agnostique et d'ailleurs assez abâtardi », et le taoïsme, « amalgame de superstitions polythéistes ». Récemment, le pape Jean-Paul II voyait dans le bouddhisme « une illumination purement négative ».

Sur les vestiges du communisme

Cependant, les spiritualités extrême-orientales imprègnent désormais les Occidentaux. Par millions, ils s'initient au yoga, cette union du corps et de l'âme que les mystiques hindous ont voulue aussi intime que le joug d'un attelage.

D'autres préfèrent le zen, cette concentration du souffle et ce dépassement de la pensée inspirés par des bouddhistes chinois et japonais. D'autres encore s'adonnent aux innombrables arts martiaux sino-japonais qui, du karaté au judo et de l'aïkido au jiu-jitsu, comportent tous des références spirituelles : le kung-fu, qui a inspiré tant de films, n'a-t-il pas été inventé dans le monastère chinois de Shaolin ? Et, dans certains couvents catholiques, des religieuses disent leur chapelet et font *zazen** d'un même cœur, comme si, désormais, les religions des antipodes pouvaient se conjuguer.

Bien des pratiques apparemment profanes sont en fait indissociables des philosophies d'Extrême-Orient. En important l'acupuncture, la macrobiotique et la médecine par les plantes chinoise, l'Occident adopte un ensemble d'« énergies célestes », de « souffles divins » et d'harmonies naturelles tels que le yin et le yang du tao, cette alternance de féminin et de masculin qui équilibre tout organisme. De même, la vogue des horoscopes chinois nous renvoie à la signification des arts divinatoires, si développés dans toute l'Asie de l'Est et inséparables de l'angoisse d'une vie future. Ce recours à l'irrationnel semble étonnant dans un pays laïque comme la France, où le Code pénal condamnait naguère « les gens qui font métier de deviner et pronostiquer ou d'expliquer les songes ».

Un tel engouement n'est pas seulement dû aux phénomènes d'immigration ou de conversion : dans aucun pays d'Amérique du Nord ou d'Europe de l'Ouest les fidèles des religions extrême-orientales ne représentent plus de 1 % de la population. Statistiquement, ces religions sont restées confinées à leur région d'origine. Il est vrai que, contrairement à l'islam et au christianisme, elles n'encouragent guère le prosélytisme et n'ont jamais imposé leur foi par les armes.

Pourquoi donc le dalaï-lama est-il reçu dans les pays occidentaux avec les égards dus à un chef d'État ? Pourquoi les hommes politiques européens et américains qui, naguère, s'affichaient à la messe avec de volumineux missels multiplient-ils les visites aux monastères bouddhiques et aux temples confucéens ? Pourquoi plusieurs membres de la famille royale anglaise se passionnent-ils autant pour les religions extrême-orientales que leurs prédécesseurs du siècle des Lumières pour la franc-maçonnerie ?

La première réponse est politique. Plus que toute autre religion au monde, à l'exception de

Principales religions extrême-orientales
(en millions de fidèles)

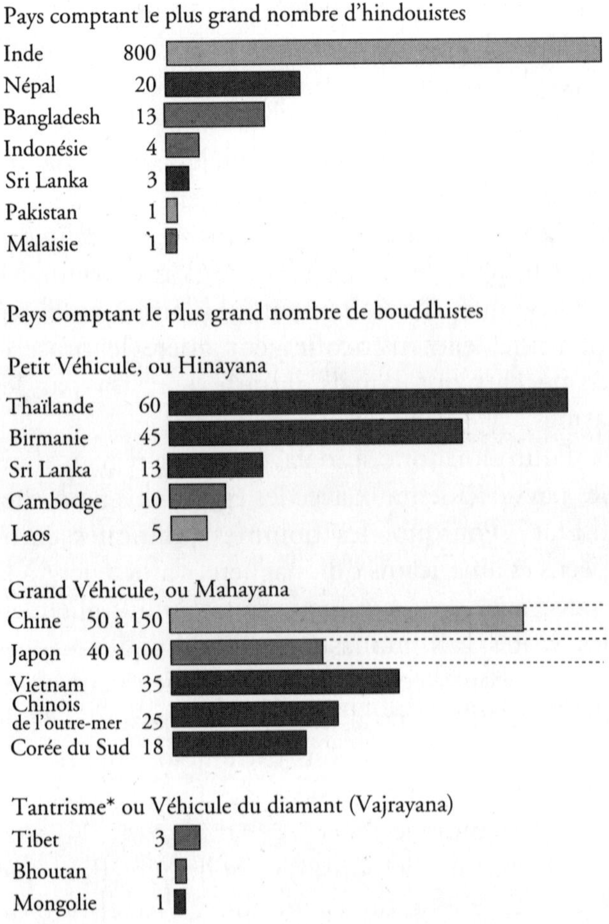

Figure 5 : L'hindouisme reste avant tout la religion du sous-continent indien et cette superposition d'un culte à une culture y rend les conflits religieux particulièrement redoutables : ainsi, à Sri Lanka, 13 millions de bouddhistes se sont longtemps opposés à 3 millions d'hindouistes.

En dépit de la popularité mondiale du dalaï-lama, le bouddhisme tibétain ou tantrisme regroupe à peine 2 % des bouddhistes du monde entier.

Malgré le grand intérêt qu'elles suscitent en Occident, les religions extrême-orientales demeurent à 98 % pratiquées par des populations de l'Asie de l'Est.

Toutes les religions extrême-orientales ont été influencées par le bouddhisme, qui, par ailleurs, possède des racines communes avec l'hindouisme.

Au Japon (où il est difficilement séparable du shintoïsme) comme en Chine (où il est souvent influencé par le taoïsme et le confucianisme), le bouddhisme est malaisément quantifiable. À l'extrême limite, en considérant tous les Chinois non musulmans et non chrétiens comme étant fortement influencés par le bouddhisme, on pourrait faire de celui-ci la première religion du monde par son rayonnement spirituel. Mais, dans ce cas, il faudrait considérer tous les Occidentaux (même non baptisés) comme des chrétiens parce que leur société a été fortement marquée par le christianisme.

À ces principales religions, qui, distinctes ou mélangées, rassemblent les fidèles par centaines de millions, il y aurait lieu d'ajouter de nombreuses confessions de moindre importance numérique. Citons au moins les dix-huit millions de sikhs (religion intermédiaire entre l'islam et l'hindouisme) et les trois millions de jaïns (proches de l'hindouisme et du bouddhisme).

l'orthodoxie, le bouddhisme et le taoïsme ont souffert du marxisme qui dominait en Chine et en Indochine. Le renouveau de ces religions, avec son apport de fidèles et de novices, la réouverture de pagodes et de monastères comme lieux de culte, est donc le symbole du déclin asiatique de l'athéisme et du collectivisme, doctrines qui refluent aussi en Occident, notamment dans les milieux dirigeants et intellectuels. N'est-ce pas un cinéaste naguère communiste, Bernardo Bertolucci, qui a réalisé *Little Buddha* ?

Dans les fourgons du libre-échange

La deuxième réponse est économique. Dans cette époque de délocalisation des activités et des croyances, les gagnants de la compétition commerciale imposent leurs modes de pensée et leurs sources de foi, perçus comme autant de recettes de succès. En 1904, Max Weber étudiait les correspondances entre *L'Éthique protestante et l'esprit du capitalisme*. Durant les Trente Glorieuses (1945-1975), l'expansion économique fut particulièrement rapide dans des pays catholiques comme la France, l'Italie et l'Espagne. Puis vint le temps du « miracle asiatique », associé aux spiritualités extrême-orientales. Aujourd'hui, la crise du capitalisme soulève de nouvelles interrogations quant aux rapports entre économie et théologie : aucune religion ne détient le secret de la croissance ni le monopole de la misère.

La spiritualité des peuples dominants jouit d'un prestige mondial : au temps des GI et du chewing-gum, le public occidental écoutait les sermons de Billy Graham ; au temps de la hi-fi et de Nintendo, il préfère le sumo, dont les grasses idoles jettent une poignée de sel pour chasser les mauvais esprits. Toute activité en apparence profane a son arrière-plan religieux : chaque modèle de jardin japonais possède ainsi sa propre mystique, même si peu d'Occidentaux, achetant leur bonsaï au supermarché, savent que, dans le bouddhisme zen, cet arbre nain est le plus court chemin de la Terre au Ciel.

La troisième réponse est à la fois technologique et démocratique : elle prend en compte les progrès des transports et l'abaissement de leurs coûts. Le premier motif s'appliquerait bien à la Croisière jaune de Citroën, à laquelle participait le père Teilhard de Chardin. Le second concernerait plutôt le voyage à Katmandou des routards en auto-stop. Dans les deux cas, il y a découverte de nouveaux horizons, de régions inaccessibles, de spiritualités mal connues et de civilisations traditionnelles, naguère confondues dans un même dédain pour les superstitions des indigènes.

Et les charters multiplient désormais ces occasions de rencontrer un autre ciel en deux coups d'ailes. Prendre la ligne Paris-Tokyo *via* Calcutta, c'est survoler successivement le mont Olympe de Zeus, le mont Ararat du Déluge et de Noé, le Chomolungma (Everest), montagne de la déesse mère des Tibétains, et finir par le Fuji-San (Fuji-Yama), volcan de la déesse du feu japonaise.

Dès lors, chacun prolonge à sa façon le périple d'Alexandre le Grand (vers 330 avant Jésus-Christ) qui, faisant campagne jusqu'à l'Indus, avait jeté le premier pont entre Orient et Occident. De cette expédition étaient nés des royaumes indo-grecs et un art gréco-bouddhique : le premier visage du Bouddha fut celui des éphèbes athéniens.

Aujourd'hui se profile une nouvelle rencontre entre l'Inde et la Grèce dont l'Occident attendrait un choc spirituel par l'addition des héritages : à la raison et à la logique helléniques, gages de progrès, devraient s'ajouter la piété et la sérénité indiennes, sources d'apaisement. Les sagesses chinoises et l'art de vivre japonais compléteraient ce tour du monde des vertus essentielles.

Le voyage s'effectue aussi en sens inverse et les peuples d'Asie manifestent un vif intérêt pour les racines culturelles et spirituelles du monde occidental. Les touristes asiatiques en France se pressent à Notre-Dame de Paris et au Sacré-Cœur, à Montmartre. Ils se marient même au château d'Ussé, demeure supposée de la Belle au Bois dormant, et se font bénir dans sa chapelle, au bord de la Loire, entre des statues de la Vierge et une tapisserie de Jeanne d'Arc. Tel est bien le bouleversement des esprits, né du progrès des communications : un « transport » de l'âme qui fait de ce tour complet de la planète une vraie révolution.

« *East is East and West is West and never the twain shall meet* », écrivait Rudyard Kipling en 1889. « L'Orient est l'Orient et l'Occident est l'Occident et jamais ils ne se rencontreront » : ce constat est désormais partiellement invalidé par l'occidentalisation de l'Extrême-Orient et l'orientalisation de l'Occident.

Mais on constate aussi un certain retour aux origines dans l'extrême est du monde. On y fait appel aux valeurs asiatiques du confucianisme, qui préfère l'harmonie de la communauté aux revendications de l'individu. L'Inde subit une vague safran (la couleur de l'hindouisme) de nationalisme religieux. L'Occident connaît aussi une affirmation identitaire des milieux conservateurs dont certains insistent sur la mission divine de l'Amérique ou sur les racines chrétiennes de l'Europe. Nul ne sait où en seront les rapports de l'Occident et de l'Orient quand « la Terreur et le Ciel se présenteront devant le siège du grand jugement de Dieu ».

V

L'ANIMISME REFAIT SURFACE

Toutes les grandes religions du monde ont un socle animiste. Elles adaptent à leur théologie cette vieille croyance en la présence d'âmes dans toutes les forces de la nature. Puissances du ciel, de la terre et des eaux, règnes animal et végétal sont alors honorés par une Parole et une Écriture qui replacent ces éléments sacrés au sein d'une création divine (religions issues d'Abraham) ou d'un ordre cosmique (religions extrême-orientales).

Ainsi, les pierres faisaient l'objet d'un culte ou, du moins, jouaient un rôle majeur dans le culte des civilisations dites mégalithiques : imagine-t-on les religions des Celtes sans dolmens ni menhirs ? Mais diverses fonctions de ces supports minéraux ont été reprises par les grandes religions « révélées ».

Par exemple, le culte des pierres dressées, qui exprimait l'élan de la Terre vers le Ciel et la vigueur d'une puissance masculine, est actualisé par l'érection de monuments religieux : minarets et clochers, dômes et bulbes rivalisent par l'audace de leurs formes et de leur hauteur. Pendant des siècles se déroula une sorte de concours de la plus haute flèche de cathédrale, gagné, en 1890, par celle d'Ulm (161 mètres). Le monde musulman a aussi visé le record du plus haut minaret, actuellement détenu par la nouvelle mosquée Hassan II de Casablanca (175 mètres).

Les pierres expriment la solidité des croyances, ce roc de foi, ce bloc de doctrine inentamable. Plusieurs pratiques du pèlerinage de La Mecque sont lithiques : lapidation du diable avec des cailloux, vénération de la pierre noire donnée à Abraham par l'archange Gabriel. Le bouddhisme est inconcevable sans les *stupas*, monuments funéraires contenant les reliques d'un bouddha ou d'un saint. De l'autel des sacrifices à la sépulture des nécropoles, il est bien difficile de faire l'économie des pierres dès lors que les célébrants d'une religion veulent témoigner d'une mémoire inaltérable.

Le meilleur exemple mondial du rôle religieux de la pierre est peut-être donné par la symétrie géographique et théologique de Pétra et de Petrus : Pétra, l'extraordinaire ville de pierre, allée de tombeaux creusés au Ier siècle de notre ère sur la rive gauche du Jourdain, tandis que, sur la rive droite, s'activait Petrus, le saint Pierre des Évangiles. D'un côté, des pierres qui veillent les morts, de l'autre un Pierre qui anime les vivants parce que Jésus lui a dit : « Tu es Pierre et sur cette pierre je bâtirai mon Église » (Matthieu, 16, 18). Les souverains pontifes sont les successeurs de cet homme de Galilée et la foi catholique a estimé que le pape est infaillible, comme la pierre est incassable.

La laïcisation des sociétés n'a pas empêché, bien au contraire, le culte des vieilles pierres, la religion des monuments qui conservent à une ville ou à une région son cachet d'authenticité, démodé dans la forme mais nécessaire à l'esprit. Depuis que les premiers romantiques ont rêvé sur les ruines d'Athènes ou les pierres du Colisée, le monde a même été pris de ferveur pour les pierres du passé. Les foules qui se pressent sur les sites légendaires, les files qui se forment devant les lieux chargés d'histoire attestent un pouvoir spirituel de la matière dont Teilhard de Chardin s'est fait le théoricien et Lamartine le poète lorsqu'il parle de son pays natal : « Objets inanimés, avez-vous donc une âme / Qui s'attache à notre âme et la force d'aimer ?... »

Les hiérarchies célestes

Les forces cosmiques ont aussi été largement apprivoisées par les grandes religions. Pour la liturgie catholique, Jésus est le « Soleil levant sur ceux qui gisent dans la nuit » et la Vierge Marie, l'« Étoile de la mer, heureuse porte du ciel ». Toutes les puissances célestes ou infernales, peuplées d'anges ou de démons, font ainsi l'objet d'une réappropriation par les religions issues d'Abraham : l'islam n'a jamais renié les vieux génies païens, ces djinns invisibles, maléfiques ou bienveillants, qui peuplent l'air, tandis que le christianisme a gratifié chaque fidèle d'un ange gardien et l'a mis en garde contre le mauvais ange, porteur de fausse lumière, Lucifer.

Pouvoirs du Ciel et de la Terre sont d'ailleurs étroitement associés dans l'Église catholique au travers de la notion de hiérarchie, c'est-à-dire de pouvoir sacré. Cette hiérarchie est d'abord la subordination des anges, répartis en trois ordres et neuf chœurs : anges, archanges et principautés ; puissances, vertus et dominations ;

trônes, chérubins et séraphins. Puis l'Église est elle-même ordonnée en ce que Bossuet appelle « la sainte subordination des puissances ecclésiastiques, image des célestes hiérarchies » : elle comprenait naguère les ordres de portier, lecteur, acolyte, exorciste, sous-diacre, diacre, prêtre, évêque, pape. Neuf grades pour commander sur la Terre comme au Ciel et inventer ce mot de hiérarchie qui fonde tout pouvoir dont les orbites attirent et les foudres menacent. On songe ici à la religion chinoise, laquelle tenait l'empereur pour le « Fils du Ciel » dont le mandat céleste gouvernait l'empire du Milieu.

La laïcisation des sociétés modernes et les progrès de l'astrophysique ont certes entraîné une domestication des forces célestes, mais la conquête spatiale n'en a pas moins été empreinte d'une certaine mystique, particulièrement en Union soviétique, où les cosmonautes ont fait figure de demi-dieux pendant qu'aux États-Unis le président Reagan donnait à la guerre des étoiles l'allure d'un combat apocalyptique contre l'empire du Mal du communisme athée. Quant à notre vie culturelle, elle s'égrène au rythme des étoiles de la scène, qui sont autant de météores, à moins que les faveurs du public ne leur accordent le culte dû aux « stars ».

L'écologie terrestre

Toutes les grandes religions font un usage liturgique des éléments de la nature. Elles réinventent et réordonnent, en fonction de leur théologie propre, les bases d'un univers baignant dans le panthéisme tandis que la religion populaire puise à cœur joie dans cet animisme primitif.

Le christianisme a l'eau du baptême et l'hindouisme Varuna, le dieu des eaux. Mais il y a surtout l'eau de la grotte pour les pèlerins de Lourdes et l'eau du fleuve pour ceux de Bénarès. Le christianisme a le feu du cierge pascal et les pittoresques processions aux flambeaux. L'hindouisme a le dieu du feu, Agni, et le zoroastrisme les temples du feu. Mais, lorsque les religions viennent à faiblir, les sociétés dites scientifiques savent transformer le feu sacré en spectacle pyrotechnique, gratifiant chaque fête joyeuse d'un embrasement du ciel.

Les mêmes remarques valent pour les espèces vivantes, notamment pour le règne animal, celui qui possède une « âme » au sens de souffle vital. Si les animaux sacrés semblent avoir disparu des croyances des grandes religions, à l'exception notable des vaches sacrées de l'hindouisme, le symbolisme animal tient une place importante dans les textes fondateurs : l'Apocalypse de saint Jean donne même une vision zoologique du dieu des chrétiens, présenté comme le Vivant (*Zoon*) parmi les êtres vivants. Mais, même si la pratique religieuse décline, les bêtes sacrées ne sont pas pour autant condamnées : quand l'Union européenne dépense 1 million d'euros par an pour quelques ours pyrénéens, elle pense, à tort ou à raison, qu'une famille de plantigrades vaut bien cent salaires d'êtres humains.

L'écologisme est en effet la version moderne de l'animisme. Dans un monde où la nature est devenue ou redevenue à la fois menaçante et menacée, une idéologie vient remplacer les anciennes théologies pour promouvoir le respect des espaces et des espèces.

D'un côté, une mauvaise gestion de la nature déchaîne des catastrophes écologiques, comme les inondations ou les feux de brousse, dans des pays de religions très différentes : le déboisement atteint aussi bien la forêt amazonienne dans le Brésil catholique que la forêt himalayenne dans le Pakistan musulman ou le Népal bouddhiste et hindouiste. À cette négligence universelle il faut donc opposer une conscience écologique planétaire.

Les animistes
(en millions de personnes)

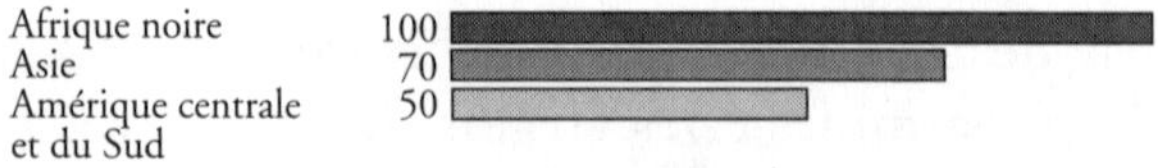

Figure 6 : L'animisme est de plus en plus difficilement quantifiable. D'un côté, l'animisme « pur » est en rapide déclin, car son caractère local supporte mal, dans un univers de communication, la concurrence des grandes religions à visée universelle comme le christianisme ou l'islam. D'un autre côté, tous ceux qui accordent un grand respect à la nature et apprécient les « sanctuaires » de vie sauvage sont un peu animistes.

En ce sens, les écologistes fondamentaux (*deep ecology*) d'Amérique du Nord ou d'Europe mériteraient sans doute d'être classés parmi les animistes qui s'ignorent (parfois). Malgré l'extermination des tribus indiennes, l'Amérique n'a peut-être jamais compté autant d'« animistes » dans son histoire. La fascination exercée par des films comme *Le Grand Bleu* ou *L'Ours* peut aussi s'apparenter à une forme moderne de culte animiste.

Beaucoup de religions ont intégré tel ou tel élément de l'animisme, mais l'idéologie la plus radicalement opposée à celui-ci est sans doute le marxisme, qui se veut une domination de l'homme sur la nature. Cette volonté de domptage plutôt que d'apprivoisement des forces naturelles explique aussi pourquoi les États d'inspiration marxiste ont souvent connu des catastrophes écologiques.

D'un autre côté, des protecteurs de la nature, de toutes opinions, poursuivent un effort universel pour améliorer l'environnement. Il est significatif, à ce sujet, que certaines réserves naturelles soient appelées sanctuaires : si la marmotte et le chamois ne sont pas officiellement divinisés, ils n'en sont pas moins aussi protégés que, dans l'antique religion égyptienne, les crocodiles sacrés du Nil.

Peut-être la flore et la faune sauvages sont-elles devenues aussi nécessaires à l'équilibre, voire à la survie, de l'humanité qu'à l'époque où chaque tribu animiste avait une bête ou une plante pour totem. Et c'est justement sur d'anciennes terres indiennes de l'Ouest américain, dans le Yellowstone, qu'est né, en 1872, le grand mouvement mondial des parcs nationaux. L'homme blanc prédateur a dû imiter les indigènes animistes qui vénéraient le séquoïa géant, maître du vent et de la foudre.

L'économie polluée

Car, dès lors qu'il quitte les civilisations primitives pour entrer dans la voie du développement, l'homme religieux est le témoin de la tension entre économie et écologie. Pour s'en tenir à la tradition biblique, l'homme répond à l'ordre dominateur du Dieu de la Genèse : « Soyez féconds et prolifiques, remplissez la terre et dominez-la. [...] Soumettez les poissons de la mer, les oiseaux du ciel et toute bête qui remue sur la terre » (Genèse, 1, 22, 26). Il entonne aussi l'action de grâce naturaliste du cantique de Daniel dans la fournaise : « Glaces et neiges, montagnes et collines, mers et fleuves, toutes les plantes de la terre, tous les oiseaux du ciel [...] bénissez le Seigneur. »

Comme saint François d'Assise, chaque croyant vient célébrer « nos sœurs la lune et les étoiles, notre frère le soleil, notre mère la Terre », tout en souhaitant que la protection de la nature ne gêne pas la production de richesses. En cas de dilemme, les destructeurs de l'environnement peuvent écouter la mise en garde, attribuée à Seattle, chef d'une tribu indienne, au grand chef de Washington (le président des États-Unis Franklin Pierce), en 1854 : « La Terre est précieuse à ses yeux [ceux de Dieu] et qui porte atteinte à la Terre couvre son Créateur de mépris. Les Blancs passeront, eux aussi, et peut-être avant les autres tribus. Continuez à souiller votre lit, et, une belle nuit, vous étoufferez dans vos propres déchets. » La pollution retrouve ici son ancien sens (en langage ecclésiastique) de salissure morale et de profanation religieuse.

Cette tension, voire cette contradiction, entre respect de la nature et croissance économique explique pourquoi l'animisme traditionnel est surtout pratiqué dans des États pauvres d'Afrique noire ou d'Océanie : la « religion des primitifs se maintient dans les pays les moins avancés » (PMA). Dans des pays en voie de développement, l'animisme est souvent mêlé à d'autres religions, notamment au christianisme. Il en est ainsi, en Amérique latine, du culte du vaudou, mélange d'animisme et de rites catholiques. Mais, chaque fois qu'une civilisation moderne se trouve en danger de progrès et craint de perdre son âme, elle retrouve, par des détours variés, les chemins de l'animisme.

Celui-ci bénéficie des grandes peurs concernant le futur de la planète : réchauffement du climat, trous dans la couche d'ozone, désertification des sols, inondations répétées, etc. La terre va-t-elle mourir parce qu'elle perd son « âme » ? L'approche spirituelle de l'avenir du monde s'oppose au gâchis matériel d'une économie incontrôlée. Le développement durable passe par un examen de conscience des consommateurs insouciants et par une révision ascétique des modes de production. Quel univers laisserons-nous à nos enfants ? Cette question de la transmission se pose de génération en génération et renoue avec la mission historique des religions révélées : assurer le destin d'une descendance par la fidélité aux pères fondateurs. L'animisme contemporain est moins une sacralisation des espèces qu'une préservation de l'avenir réconciliant l'histoire et la géographie.

Seconde partie

LES FONCTIONS DE LA FOI

Les Grecs de l'Antiquité, les plus religieux des hommes, selon saint Paul, apaisaient leur conscience par des « théories ». Celles-ci furent d'abord des processions, des files d'ambassadeurs sacrés qui, à Delphes, Corinthe ou Olympie, allaient rendre un culte aux dieux. Par cette démarche collective, les hommes se mettaient en règle avec leurs principes, rendaient grâce pour les joies de la vie et cherchaient une aide pour les coups du destin.

Puis, cette théorie devint une spéculation de l'esprit, un jeu abstrait qui tirait les leçons de ce long cheminement corporel et intellectuel associant le cerveau des chercheurs aux souliers des pèlerins. Il faut se déplacer, se décentrer, quitter ses habitudes et son entourage pour trouver une réponse aux questions de l'existence, un oracle pour les drames de l'époque.

La nôtre est riche de ces voyages intérieurs qui doivent exorciser les peurs modernes et fortifier les courages défaillants. La plupart des méthodes actuelles de méditation, de concentration, de relaxation, souvent d'origine extrême-orientale, ont pour but de restaurer les disciplines et de raffermir les certitudes, sources d'apaisement. Les principaux théoriciens occidentaux, Nietzsche, Marx ou Freud, étaient les maîtres du soupçon. Les mystiques orientaux se veulent les gourous de la sérénité.

Encore doit-on cerner plus précisément les exigences de la modernité en matière de recherche spirituelle. Dans une époque déboussolée par le progrès des communications et l'obsolescence des points de repère, désorientée par la désuétude des traditions ou la nouveauté des techniques, la priorité est rendue à la recherche de sens.

Mais, dans les langues latines et germaniques, le mot sens a un… double sens. Il indique à la fois une direction et une sensation. D'un côté, il faudrait atteindre un bon sens partagé, ce sens commun qui dégage un accord sur les concepts et ce consensus qui permet l'unité dans l'action.

D'un autre côté, vivre exige un plaisir minimal, un niveau de jouissance en deçà duquel plane sur le désert des sens l'ombre de la mort.

Toutes les grandes religions du monde, comme leurs succédanés sectaires, s'efforcent donc d'apporter aux malaises actuels des remèdes à la fois utiles et agréables, parfois simplistes quand ils « tombent sous le sens », toujours séduisants quand ils flattent les sens. Les imams aiment à rappeler l'inimitable beauté du texte coranique comme les prêtres la valeur poétique du canon* de la messe : pour le traduire du latin dans les diverses langues, le Vatican s'est adressé à de grands écrivains de tous les pays.

Une vérité trop ardue, cette « leçon plus difficile » chère aux exégètes, engendrera l'incrédulité en dépit de sa justesse. Le catéchisme de Luther n'a pas déchaîné l'enthousiasme des foules, mais croyants et incroyants du monde entier se délectent à l'écoute de Jean-Sébastien Bach et de ses chorals du dogme* en musique.

Ces théories du sens reprennent aujourd'hui les missions traditionnelles des religions, qu'on peut regrouper en trois axes principaux : perpétuer la vie, conserver la mémoire, sanctifier les alliances.

D'abord, les progrès de la science modifient les processus immémoriaux du vieillissement et de l'enfantement, suscitant ainsi de nombreux problèmes bioéthiques et théologiques : comment dire que l'enfant est un don de Dieu quand un médecin italien permet à une femme de soixante-trois ans d'être mère ?

Ensuite, le déclin de la culture classique apparaît comme un défi à l'apprentissage de la foi : quand un Indien sur mille comprend le sanscrit (langue sacrée de l'hindouisme), quand un bachelier français sur dix apprend le latin (langue de l'Église catholique) et un sur cent le grec ancien (langue du Nouveau Testament), les responsables religieux sont tenus d'énoncer des vérités anciennes en des langages nouveaux (langues nouvelles).

Enfin, les mutations des enjeux et des conflits transportent les affrontements religieux sur des terrains inattendus. Lorsque, à l'issue de la Coupe du monde de football de 1994, six des « athlètes du Christ » de l'équipe brésilienne ont affirmé la supériorité de Jésus sur Bouddha parce que l'un de leurs adversaires italiens malheureux était bouddhiste, ils paraissaient avoir confondu nirvana et tir au but. Et cependant le sport semble mesurer la force d'un peuple, aujourd'hui comme au temps où saint Paul invitait les chrétiens de

Corinthe à imiter les coureurs du stade et à rivaliser d'ascèse pour remporter une couronne impérissable et une victoire indiscutée. Cette victoire, le peuple élu se l'était autrefois promise en se donnant pour nom Israël, mot qui peut signifier « que Dieu combatte pour nous ».

Le domaine du religieux n'est plus le champ clos des religions. L'univers du spirituel est transversal et concerne toutes les disciplines dites profanes. On enseigne la stratégie de la guerre sainte dans les écoles militaires et l'esthétique de l'art sacré dans les universités. Peut-être un monde en quête de sens a-t-il même besoin d'une pléthore de religieux. Qu'il s'agisse de perpétuer la vie, de conserver la mémoire ou de sanctifier les alliances, la vie individuelle et collective se cherche des repères. Et, si le cultuel se mue en culturel, il s'agit toujours de baliser l'existence en posant des limites qui unissent les croyants et séparent les impies.

I

PERPÉTUER LA VIE

Les religions ont eu pour premier objectif de conjurer la mort et de susciter la vie. Les plus anciens témoignages d'un sentiment religieux concernent les hommages aux défunts et les cultes de la fertilité.

Ces derniers célèbrent l'homme et la femme pour leur activité sexuelle et leur puissance reproductrice. Dans les expressions les plus crues, ils associent le honteux et le sacré, deux notions symétriques et d'ailleurs exprimées par les mêmes mots dans de nombreuses langues comme l'arabe (*harem* ou *haram*), l'hébreu, le grec ou le latin. Le vocabulaire médical a gardé la trace de cette origine commune lorsqu'il appelle tantôt sacrées (*sacrum*, ligaments utéro-sacrés) tantôt honteuses (nerf honteux) les zones du corps humain communes à l'excrétion et à la génération. Saint

Augustin disait que « nous sommes nés entre les fèces et l'urine » pour exprimer ce voisinage des déchets de l'homme et des mystères de la vie. Et la morale chrétienne a trouvé un mot bien suggestif pour fustiger l'appétit sexuel : la concupiscence.

Pourtant, les premières religions exaltaient les élans de la chair et les attraits du sexe, ou, du moins, révéraient ce qui permet, dans les organes humains, de transmettre la vie. Dès l'époque paléolithique, voilà vingt mille ans, on sculptait, en Autriche, en Dordogne comme en Sibérie, des femmes aux fesses, aux seins et au pubis exagérés, comme pour figurer une femme enceinte ou allaitant. Selon leurs options philosophiques, les archéologues les nomment « déesses mères », « figurines anthropomorphes » ou « personnages gras », mais l'abondance de ces statuettes suggère au moins un souci constant du féminin susceptible de transformer l'obsession en rituel, l'érotisme en mystique.

Cette attention portée à l'anatomie féminine s'est transmise aux « écritures sacrées » ou hiéroglyphes du Proche-Orient, puis à nos alphabets occidentaux : le triangle pubien a servi de modèle au delta grec, qui a donné notre lettre *d*. Les religions extrême-orientales ont conservé une vision plus naturaliste de l'élément féminin : l'hindouisme révère la *yoni*, coupe circulaire représentant la vulve féminine, tandis que le tantrisme trouve une image divine de la sexualité dans la fleur de lotus, dont la corolle est le symbole féminin. Quant au taoïsme, il voit l'énergie féminine dans le yin, versant ombragé de la montagne, l'équivalent de l'ubac des Alpes ou de l'ombrée des Pyrénées : une moitié du paysage qui correspondrait à une moitié de l'humanité.

Logiquement, chaque symbole féminin a donc son équivalent masculin. Un archéologue français, André Leroi-Gourhan, voyait des signes couplés mâle et femelle (par exemple, une flèche et un ovale) sur des graffitis des grottes paléolithiques de France et d'Espagne. Le yin des taoïstes a son yang masculin, le versant au soleil, comme la fleur de lotus des tantristes a sa tige mâle. La *yoni* des hindouistes a pour complément le *linga*, figure stylisée de l'organe viril qui fait toujours l'objet d'un culte : dans une vallée himalayenne, les paysans font des centaines de kilomètres à pied pour adorer les linga de glace. En sanscrit, le *linga* est le « signe » par excellence, ce phallus dans lequel Jacques Lacan voyait le signifiant privilégié qui est « par sa turgidité l'image du flux vital en tant qu'il passe dans la génération ».

L'érotisme sacré

La psychanalyse a retrouvé la dimension profonde de cet érotisme sacré qui avait disparu des religions dites monothéistes. Celles-ci ont refoulé le féminin en supprimant les déesses et sublimé le masculin en spiritualisant le corps des dieux. Dans la religion d'Ougarit, qui a beaucoup influencé le judaïsme, le *Poème de la naissance des dieux gracieux et beaux* raconte comment des femmes adorent le dieu El, dont le membre « s'allongera comme le flot » en une symbolique de liquide fécondant. El donnera son nom au dieu des juifs (Élohim) et à celui des musulmans (Allah), qui transformeront la puissance génitale en pouvoir créateur.

Les dames romaines se promenaient avec des amulettes en forme de verge, ces *fascina* qui ont donné le mot français « fascination ». Les Grecs révéraient le dieu Pan, ce satyre troublant les jeunes filles, d'où vient le mot « panique ». Ils appréciaient aussi Éros, personnification de l'amour, dont le christianisme censurera jusqu'au nom. Désormais, l'amour s'appellera *agapè*, expression d'un sentiment qui se veut désintéressé, oblatif et non captatif, et l'on nommera

« agapes » ces réunions de chrétiens où l'on pratique le partage du pain et le baiser de paix.

Dans le monde chrétien, l'érotisme sacré a donc cherché refuge dans des formes mystiques, comme le Cantique des cantiques de la Bible ou le *Cantique spirituel entre l'âme et Jésus-Christ son époux*, de saint Jean de la Croix. Les dernières traces du mariage sacré (hiérogame) des religions antiques se retrouvent chez les religieuses qui portent une alliance pour symboliser leur union avec le Christ. Ces religieuses non mariées spiritualisent le dévouement des prostituées sacrées (hiérodules) du Proche-Orient, qui ne s'attachaient à aucun homme pour être disponibles à tous. Elles peuvent aussi incarner cette soif d'amour et cette humilité du repentir qui, d'après l'Évangile de Matthieu, faisaient dire à Jésus face à un auditoire égoïste : « Les prostituées vous précèdent dans le Royaume des Cieux » (Matthieu, 21, 31).

Si l'érotisme sacré a survécu dans les spiritualités extrême-orientales, notamment à travers le *Kama-sutra* d'origine hindouiste, il a perdu presque tout sens dans les sociétés occidentales sécularisées et a laissé la place à une pornographie très profane. Néanmoins, on peut retrouver sa trace dans le culte de vedettes souvent jugées scandaleuses. On peut citer ici Brigitte Bardot, notamment dans le film de Roger Vadim *Et Dieu… créa la femme*.

La Bible appelait idoles ces corps fascinants que nous nommons sex-symbols. Le meilleur exemple en est sans doute la chanteuse Madonna, qui se présente « *Like a Virgin* » (« Comme une vierge ») et multiplie, dans ses chansons immorales, les allusions au sacré tout en déclarant : « Je m'obstine à parler de sexe pour faire œuvre évangélique. »

La médecine profane

Le divorce majeur entre sexualité et religion vient sans doute des progrès de la médecine. La sexualité a ses secrets et la religion ses mystères, mais l'imagerie médicale montre tout, du trajet des spermatozoïdes à la croissance de l'embryon en passant par le sexe du fœtus et l'écho de ses mouvements. Avec la procréation artificielle, l'enfant, bénédiction de Dieu, devient un cadeau des médecins.

La bioéthique rend compte de ces confrontations entre science et morale : elle débat de la contraception, de l'avortement, de l'accueil ou du refus de l'enfant handicapé, de la procréation médicalement assistée et de tout ce qui, dans le processus de la grossesse, remplace l'intercession divine par l'intervention humaine.

Un bon exemple d'interaction à caractère économique entre religion et bioéthique nous est donné par le Japon, où le shintoïsme, qui exalte la fécondité, a longtemps interdit la contraception chimique et, donc, la pilule anticonceptionnelle. De cet interdit sont nés la méthode naturelle du Dr Ogino et le recours aux méthodes mécaniques. C'est pourquoi le Japon dispose encore d'une position dominante sur le marché mondial du préservatif.

Les croyants sont eux-mêmes divisés sur ces sujets qui touchent au plus intime de la personne. Ainsi, aux États-Unis, si nombre de chrétiens traditionnels se retrouvent sous la bannière du mouvement *Pro Life* (« Pour la vie ») interdisant l'avortement, des chrétiens libéraux soutiennent les positions du mouvement *Pro Choice* (« Pour le choix »), qui défend la liberté de l'interruption de grossesse. Des clivages similaires traversent des religions aussi différentes que l'islam, le judaïsme ou l'hindouisme. La question majeure est toujours de savoir dans quelle mesure l'enfant à naître peut être à la fois un don de Dieu et un choix du couple.

Dans ce contexte scientifique, les grandes religions sont perçues comme un peu naïves avec leurs récits légendaires d'enfantement : Jésus a été conçu par le Saint-Esprit et Bouddha est né d'un éléphant blanc. Mais peut-on exclure le merveilleux sans susciter l'irrationnel ? Flaubert écrivait : « Quand le peuple ne croira plus à l'Immaculée Conception*, il croira aux tables tournantes. »

Les incorruptibles

Autant que de l'avant-vie, les religions se préoccupent de l'après-mort, dans laquelle elles refusent de voir un néant qui soulignerait le vide de l'existence et assurerait l'impunité des fautes. Elles proposent donc aux hommes de s'entraîner à devenir incorruptibles et immortels, de se préparer au trépas avec le défi lancé par saint Paul : « Mort, où est ta victoire ? » (I, Corinthiens, 15, 55)

Les plus vieux témoignages d'un souci de la mort sont, selon l'expression des archéologues, les « inhumations intentionnelles ». Elles comprennent un ordre des ossements, une position du squelette, une parure de la tombe révélant un soin du cadavre et, donc, une préoccupation de l'après-mort. Les plus anciens spécimens ont été trouvés en des points assez divers de la planète, des Charentes à la Crimée. Le plus célèbre est une sépulture avec offrandes vieille de cent mille ans, celle d'un adolescent de Qafzeh (Israël), près de Nazareth.

Toutes les religions instituées correspondent à une représentation de l'au-delà du dernier souffle de vie, de ce nouveau rivage de l'existence que, chez les Grecs comme chez les Égyptiens, on abordait en barque. Ce monde a son séjour des bienheureux, Champs-Élysées des Grecs, paradis des chrétiens ou jardin d'Allah. Il a aussi son lieu des maudits, Tartare des Grecs, géhenne de la Bible et du Coran. L'essentiel réside dans la séparation des bons et des méchants : rien ne se situe, contrairement au titre d'un ouvrage de Nietzsche, *Par-delà le bien et le mal*. L'autre vie est suspendue à un jugement dernier.

On a parfois essayé d'opposer la résurrection dans les religions occidentales à la réincarnation dans les religions extrême-orientales. Cette opposition doit être nuancée. D'abord, la réincarnation, caractéristique du bouddhisme et de l'hindouisme, était ignorée de la religion védique et demeure absente du confucianisme*, du taoïsme et du shintoïsme. Ensuite, cette réincarnation, ou transmigration des âmes dans un nouveau corps, dépend de l'accumulation des mérites (*karman*) et de l'observation d'un ordre (*dharma*). Pour atteindre le nirvana et ne pas connaître une « vie de chien », chacun dépend de ses bonnes actions.

Même la prédestination* des calvinistes ne fait pas figure d'exception. Elle n'est pas le caprice d'un dieu qui damne ou qui sauve, elle est l'affirmation de la supériorité de la grâce sur les œuvres : le salut est donné, non conquis. Mais on doit accueillir ce don et consentir à ce rachat : de la pesée de l'âme dans la religion égyptienne au poids du péché dans le christianisme, il y a toujours une évaluation de la faute. Celle-ci est un fardeau dont on peut se délivrer pour affronter la mort d'un cœur léger.

Encore faut-il qu'existent à la fois une conscience de la culpabilité et une croyance dans l'immortalité. Or les différents travaux de la sociologie religieuse montrent que la foi en une vie après la mort décline au moment où se brouillent les repères moraux : il n'y a pas de récompense ni de punition possibles sans une frontière étanche entre le bien et le mal. Dans un même mouvement, on dotait naguère les bons élèves d'une croix et les saints d'une auréole pour montrer que les vertus sont honorées dans le monde terrestre et céleste.

La « bonne mort »

La psychanalyse a voulu montrer les limites des jugements définitifs. Comment condamner ces « patients désignés » qui ont reçu la psychose en héritage ou la névrose dans leur berceau ? Faut-il admirer les ascèses masochistes, les extases hystériques ? Peut-on être damné pour des traumatismes de la petite enfance ou canonisé pour un surmoi pathologique ?

Pour une conscience religieuse, le refus d'avouer une faute, de « battre sa coulpe », de reconnaître ce faux pas que le latin nomme péché et le grec scandale, empêche d'accéder à une vie débarrassée du mal et du Malin (le diable). Ce refus est inséparable du contexte idéologique, politique et scientifique : le déclin de la croyance en une vie future est à relier au « paradis sur Terre » promis par les régimes communistes ou au bonheur en ce monde dû par l'État providence. La maladie, les malheurs de l'existence, les caprices du destin sont pris en charge par la collectivité, tandis que les médecins remplacent les prêtres au chevet des malades. Ce passage de témoin des hommes en noir aux hommes en blanc a beaucoup transformé la foi en une puissance divine : depuis que l'on guérit la tuberculose et que l'on soigne les cancers, les miracles de Lourdes se sont raréfiés… Pourtant, les foules y sont toujours aussi nombreuses.

La médecine est aussi remise en question pour son acharnement thérapeutique. On lui reproche de se préoccuper plus de quantité que de qualité de vie : en un demi-siècle, elle aura multiplié par deux la population du globe et la durée de l'existence humaine, mais peut-on dire que l'homme est deux fois plus heureux ? Si l'« espérance de vie » n'est pas promesse de bonheur, on en vient à renier ce désir des vieux jours qui fondait le prestige du dieu des patriarches.

À défaut d'élixir de jouvence, on demande donc à la médecine des potions de mort douce. Celle-ci prend le nom savant d'euthanasie, littéralement « bien mourir ». Naguère, une bonne mort était la fin paisible de celui qui remettait son âme à Dieu. Désormais, elle serait plutôt le moment choisi d'arrêter les souffrances, ce refus des prolongations où la vie n'a plus de sens.

L'euthanasie apparaît parfois comme un défi aux religions. Si l'homme choisit le moment de retrouver son Créateur, il semble refuser la mort providentielle. Pour les théologies traditionnelles, hâter sa mort reviendrait à refuser les souffrances liées à la condition humaine. Mais d'autres croyants souhaitent mettre un terme à leur vie en ce « bas monde » quand celui-ci n'est plus pour eux qu'une pénible vallée de larmes, une douleur muette, sans dialogue ni confiance.

Les grands désordres

Mais voici que reviennent bien des raisons de croire et d'espérer en un autre monde qui soit meilleur. La crise de l'économie mondiale, l'explosion du chômage, les poussées spéculatives semblent faire le jeu des impies et le lit des corrupteurs. Dès lors, la morale publique incite à prendre à la lettre ce conseil de saint Paul : « Revêtez-vous d'incorruptibilité » (I, Corinthiens, 15, 53), c'est-à-dire de croyance en un jugement dernier et en une vie éternelle qui assurent à l'homme sa résurrection et au mal sa condamnation. Une façon comme une autre de dire des profiteurs de tout poil : « Ils ne l'emporteront pas au paradis. »

Voilà aussi que la médecine piétine devant le mal : certaines souches microbiennes résistent à tous les médicaments. Déjà, ouvertement ou non, d'aucuns voient dans le sida une nouvelle peste et, comme dans la fable de La Fontaine, un « Mal que le ciel en sa fureur / Inventa pour punir les crimes de la Terre » (*Les Animaux malades de la peste*). Dès lors renaît, chez certains croyants, le sentiment d'une faute hâtant la mort et d'un juge ou d'un sort épargnant les gens de bien et condamnant les autres. L'histoire des épidémies est remplie à la fois de cérémonies expiatoires et d'invocations à la Providence. Il n'y a pas de balance sans fléau ni de pardon sans malheurs et, face à une maladie associant le sexe à la mort, chaque religion peut faire sienne cette maxime écrite par Zola, dans *Nana*, à l'époque de la syphilis : « Les grands désordres mènent aux grandes dévotions. »

Zola avait décrit les foules de Lourdes venant demander à la religion une guérison que le médecin ne pouvait promettre, encore moins tenir. Aujourd'hui, si les maladies ont changé, l'espérance demeure et les sanctuaires se multiplient sur tous les continents. Les Mexicains implorent

Notre-Dame de la Guadeloupe et les autorités sanitaires du pays ont fort astucieusement disposé des stands de vaccination sur le parvis de la basilique. Près de Pondichéry, les Indiens vénèrent Notre-Dame de la Santé, selon un rite catholique teinté d'hindouisme où l'on s'immerge dans les eaux miraculeuses du golfe du Bengale comme les dévots de Shiva vont se plonger dans le Gange, à Bénarès.

La recrudescence des maladies que l'on croyait éradiquées et l'apparition de nouveaux désordres organiques ou psychiques poussent nos contemporains à chercher des réponses traditionnelles aux maux modernes. Pour écarter les malheurs, ils ont recours à la magie noire des animistes ou aux talismans des marabouts. Pour éviter les douleurs, ils s'essaient à l'acupuncture, inspirée des leçons du taoïsme sur les trajets nerveux, ou à l'hypnose, proche des techniques d'exorcisme du chamanisme. Beaucoup, déçus par la civilisation matérielle et les promesses de la science, demandent désormais aux spiritualités de leur apporter mieux-vivre et bien-être. Ils pensent que, pour profiter de la vie présente, l'homme doit songer aux fins dernières et retiennent cette mise en garde du poète libertin Mathurin Régnier : « Et si m'étonne fort pourquoi / La mort désigna songer à moi / Qui n'ai daigné songer à elle. »

Les nouveaux adieux

Dans un contexte aussi angoissant, il est cependant bien difficile de prévoir l'avenir de l'après-mort. En un sens, on perçoit le retour aux modèles habituels de chaque religion : les islamistes promettent le paradis d'Allah aux combattants de la « guerre sainte » ; le pape Jean-Paul II canonise abondamment et a déjà créé plus de saints et de bienheureux que tous ses prédécesseurs depuis le XVIe siècle.

En sens inverse, on assiste à une évolution des cultes funéraires. L'Église catholique accorde désormais des obsèques religieuses aux suicidés et ne s'oppose plus à l'incinération des morts. Ce procédé, par ailleurs écologique et économique, est choisi par un nombre croissant de défunts des pays chrétiens, et l'on fréquente de plus en plus les funérariums, crématoriums et columbariums. Ainsi est abolie la frontière millénaire du tombeau et du bûcher, séparant un Occident qui garde ses morts en terre d'un Extrême-Orient qui, majoritairement, les confie au feu. Peut-être aussi rêve-t-on, dans les pays de tradition chrétienne, à des adieux exotiques inaugurant le « grand voyage » par des cérémonies venues d'ailleurs. Mais, quelles qu'en soient les modalités, toutes les religions ont le culte de la mémoire et font leur cette maxime de l'« athée » Aragon : « Ce qui a été sera, pourvu qu'on s'en souvienne. »

Cet idéal se heurte aux progrès de la médecine, qui multiplie les naissances et raréfie la mort. Les grandes religions millénaires sont nées en une époque où l'homme était rare et sa vie courte. Leur objectif était donc d'encourager la fertilité humaine et de décourager le contrôle des naissances. À défaut d'immortalité, elles souhaitent à leurs fidèles de longs jours sans trop se préoccuper de la qualité de la vie : Mathusalem aurait vécu 969 ans, mais la Bible ne dit pas ce que furent les neuf siècles où trente générations ont dû cohabiter avec leur aïeul.

Si la science moderne programme la date des naissances et des décès, elle ne répond pas aux questions du sens de la vie et du choix de la mort. Le dialogue entre science et religion doit donc être actualisé en fonction d'une thérapeutique évolutive et d'une théologie renouvelée, dont les certitudes sont temporaires et les espérances provisoires.

II

CONSERVER LA MÉMOIRE

Honorer les morts, c'est aussi faire revivre les temps forts de leur vie et les hauts faits de leur âme. En tant que liens entre les générations de croyants, les religions se veulent les gardiennes d'une culture menacée d'obsolescence par la modernité. Elles souhaitent montrer le bien-fondé de la mémoire et craignent ces révolutions qui appliquent le mot d'ordre de *L'Internationale* : « Du passé faisons table rase. »

À se réclamer de traditions millénaires, on se méfie des forces du changement. On ne saurait attendre le salut du monde à venir de gouvernants de rencontre ni de régimes de fortune. C'est en vénérant les ancêtres et en respectant leurs principes qu'une espérance peut s'inscrire dans la durée : « [...] depuis plus de quatre mille ans nous le promettaient les prophètes », dit un cantique de Noël. Mais, dès que l'on veut bouleverser l'ordre séculaire, on voit s'installer l'ingratitude : en France, c'est en 1968, l'année des événements, que les fleuristes ont vendu le moins de chrysanthèmes pour la Toussaint.

Le pouvoir des origines

Entretenir la flamme du souvenir, c'est aussi perpétuer les origines dans une démarche que le grec nomme archaïsme et qui est à la fois commandement et commencement. Pour les religions, il convient de toujours assurer les transmissions des principes fondateurs aux dirigeants actuels afin que le monde ne soit pas coupé de sa genèse.

Cette évocation du passé est en général confiée à des anciens. Dans le monde grec, cette anamnèse était du ressort des « presbytes », c'est-à-dire des vieux, parmi lesquels, dès les débuts de l'Église chrétienne, étaient choisis les prêtres, insensibles aux égarements des temps nouveaux et fidèles aux engagements de leur jeunesse.

Du Conseil des anciens du judaïsme antique à la doctrine des anciens (*theravada*) du bouddhisme primitif, les religions ont souvent affirmé la prééminence de l'ancienneté pour guider les fidèles sur les chemins de l'observance : à de vieilles familles et à des hommes vénérables d'inspirer aux foules le respect de la doctrine et le souvenir des fondateurs.

Ce temps révolu, il est certes loisible de le perpétuer. On peut, comme les prêtres traditionalistes, se vêtir à l'ancienne, porter soutane et rabat. On peut même vivre à l'antique, et, jusqu'au concile Vatican II, les papes se déplaçaient en sedia, la chaise à porteurs des Rois fainéants. Des couvents ou monastères ont longtemps voulu partager les inconforts des âges bibliques, refusant le gaz de ville et l'eau courante.

Dans ce domaine, l'archaïsme le plus intransigeant est pratiqué par la célèbre communauté américaine des amish*, qui, copiant la vie de leurs ancêtres venus de Suisse, maintiennent la civilisation des lampes à huile et des voitures à cheval. Leurs coreligionnaires anabaptistes* des Pays-Bas se contentent de refuser la médecine moderne et les vaccins, imitant en cela le pape Léon XII, qui, au siècle dernier, refusait ces « nouveautés diaboliques, contraires aux lois de la nature » : seul Dieu peut protéger du Mal, il n'y a pas plus d'humains immunisés que de pécheurs immaculés.

À l'inverse, on peut utiliser le progrès technique pour conforter la foi. Si la tradition est, littéralement, la « livraison » d'un bien reçu par une génération à la suivante, elle ne saurait se transmettre sans les acquis modernes : on doit remplacer le muezzin* par un haut-parleur ou le sonneur de cloches par une minuterie si la fée Électricité appelle plus sûrement les fidèles à la prière.

Il s'est même développé une utilisation des techniques de pointe pour étayer les vérités les plus anciennes : étude informatique des textes sacrés, datation au carbone 14 des manuscrits anciens, sondage par résonance magnétique du sous-sol des lieux saints, etc. À la limite, la science viendrait au secours de la « foi du charbonnier » et, comme saint Thomas touchant du doigt les plaies de Jésus ressuscité, elle pourrait éradiquer le scepticisme, au risque de démasquer l'imposture.

Des débris de la « vraie croix » du Christ aux fibres du « manteau de la Vierge », du saint suaire de Jésus aux canines du Bouddha, tous les objets de piété sont passés au crible des rayons. Mais les résultats scientifiques font rarement l'unanimité tant la croyance est rebelle aux preuves.

La deuxième vie des langues mortes

La démarche est difficile si l'on songe aux millénaires qui nous séparent des fondateurs de grandes religions. À certains égards, la multiplication des nouvelles sectes pourrait exprimer une impuissance à renouer avec ces temps védiques, bibliques ou coraniques, ainsi que le besoin de susciter des prophètes adaptés aux temps modernes. Quand tel gourou des Alpes du Sud, chef de la secte du chevalier du Lotus d'or, se proclame l'« avatar de synthèse », il signifie par là que les métamorphoses du dieu Vishnou (des « avatars », ou descentes de la divinité au sein de l'humanité) doivent exprimer une nouvelle doctrine rapprochant les problématiques actuelles des révélations antiques.

L'une des fonctions majeures des religions est d'essayer de nous restituer les langues anciennes, les peuples oubliés, les civilisations disparues et d'éviter que tant de richesses humaines ne ressemblent bientôt à des continents engloutis. Depuis Champollion, la plupart des grands déchiffreurs du passé ont aussi été des historiens des religions.

La première tâche est de faire revivre les langues mortes. Le latin de la liturgie catholique, le grec ancien du Nouveau Testament, le vieux slave de la liturgie russe orthodoxe, le sanscrit de l'hindouisme, le pali du bouddhisme du Petit Véhicule n'ont plus d'autre usage que religieux. Ce sont donc des prêtres, des pasteurs, des popes, des brahmanes et des bonzes qui les empêchent de rejoindre le cimetière encombré des idiomes défunts. Ils souhaitent transmettre par ces langues mortes la parole vivante des récits fondateurs.

Le mémorial des Écritures

Une autre tâche, très liée à la précédente, est d'enseigner les écritures archaïques. Car beaucoup d'idéogrammes, de syllabaires ou d'alphabets ont été inventés pour mettre par écrit des textes religieux. L'Écriture sainte, ce « hiéroglyphe », c'est d'abord un coup de pinceau ou un trait de plume dont l'exactitude graphique garantit la scrupuleuse reproduction du texte : le respect de la « ligne » est un impératif sacré et l'erreur du copiste une faute ineffaçable.

Certaines de ces écritures ont conservé une fonction profane. Il en est ainsi de l'écriture hébraïque, remise en usage depuis la fondation de l'État d'Israël. Ou encore de l'alphabet cyrillique, élaboré pour évangéliser les Slaves (peut-être sous une forme légèrement différente dite glagolithique) et qui sert toujours à noter la langue russe, entre autres. Mieux encore, le pouvoir soviétique athée a exigé de peuples non slaves qu'ils adoptent, pour transcrire leur langue, cette écriture attribuée à saint Cyrille, évêque grec.

D'autres écritures ou langues, inutilisées dans la vie courante, n'ont plus guère qu'un intérêt cultuel ou culturel. Et quand, dans telle université française de dix mille étudiants, seuls six sont inscrits en grec et en latin, on se demande si l'enseignement laïque pourra assurer à lui seul la sauvegarde des lettres anciennes. Dès lors, les religions se posent en conservatoires d'une culture classique. Facultés de théologie, écoles rabbiniques ou coraniques concourent à maintenir des savoirs menacés.

La fonction mémorialiste des religions embrasse aussi les livres. Des sutras* imprimés des moines chinois à la presse à bras de la Bible de Gutenberg, l'histoire des procédés d'impression et de reproduction doit beaucoup à la propagande religieuse et à ses besoins missionnaires. Précédant même les œuvres de Mao, la Bible n'est-elle pas encore, avec plus de deux milliards d'exemplaires mis en circulation à ce jour, le premier best-seller mondial ?

Le judaïsme dans le monde
(en millions de fidèles)

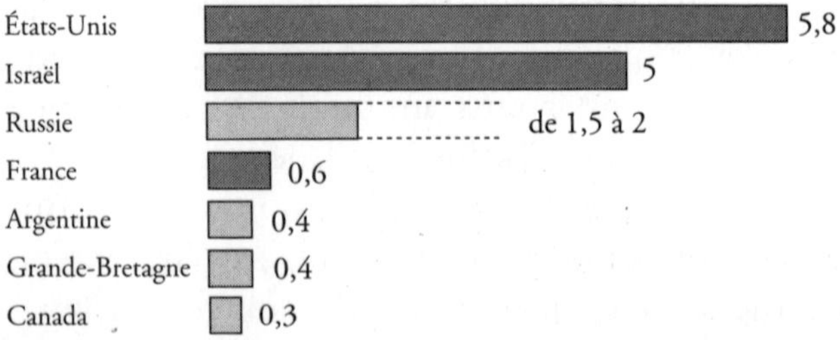

Figure 7 : Les statistiques de la religion juive sont souvent floues (notamment dans l'ex-URSS), car beaucoup d'Israélites ne souhaitent pas se déclarer pour des raisons de sécurité, tandis que les autorités de certains pays minimisent leur importance.

Par deux fois dans l'Histoire, à la suite de génocides pratiqués dans l'empire romain (Ier siècle après Jésus-Christ) et dans la « nouvelle Rome » du Reich hitlérien, la population juive a dramatiquement diminué. Mais le critère quantitatif mesure mal le rôle mondial d'une religion dont le rayonnement intellectuel et spirituel ne se limite pas à ses quinze millions de membres.

Avant les pogroms russes et, surtout, la persécution nazie, 85 % des juifs vivaient en Europe et près de la moitié en Russie. Aujourd'hui, près de la moitié des juifs du monde vivent toujours dans un seul pays, mais il s'agit des États-Unis. New York est la première ville juive du monde.

Mais c'est surtout dans le domaine de la compilation que les religions ont joué et jouent encore un rôle important. Pour recueillir les traditions, elles ont élaboré des recueils immenses, comme les cent mille strophes du *Mahabharata* (plus de trois fois la Bible) ; pour maintenir l'intégrité de la foi, elles ont publié des commentaires minutieux, comme les cinquante tomes de la *Somme théologique* de saint Thomas d'Aquin. Les religions ont donc d'abord « fait du volume », reliant les textes comme les hommes et se faisant même une spécialité de cet art de la reliure qui associe finesse et résistance, papier bible et peau de chagrin. Ce n'est d'ailleurs pas un hasard si, en France, Limoges, grâce aux bœufs limougeauds, fut la capitale de la chaussure et des missels.

La transmission du patrimoine

Plus généralement, les religions apparaissent comme des conservatoires du patrimoine. Elles en tirent d'ailleurs un certain prestige dans les époques de remise en question des héritages. Entre vieux livres et vieilles pierres, elles participent à la légende des siècles, parmi les bibliothèques des monastères et les trésors des cathédrales. Plus de la moitié des monuments protégés par l'Unesco au titre du patrimoine mondial de l'humanité sont des édifices religieux.

Dans cette mission conservatrice, les religions arbitrent constamment entre la préservation et la rénovation. L'histoire des édifices sacrés n'est souvent qu'un long va-et-vient entre mise au goût de l'époque et retour à l'état initial : un coup de badigeon pour masquer des « bondieuseries », un petit décapage pour retrouver le roc de la foi. Chaque siècle innove ou imite, et le nôtre aura donné aussi bien l'architecture d'avant-garde des églises du Corbusier que le pastiche Renaissance de la basilique de Yamoussoukro (Côte d'Ivoire).

La même hésitation s'observe dans la conservation des textes sacrés. D'un côté, au nom de la préservation du dépôt de la foi, certains religieux maintiennent une exégèse littérale et, selon le mot de Jésus, « pas un iota » n'est supprimé de la loi de Dieu. D'un autre côté, au nom des exigences des générations nouvelles, d'autres religieux adaptent aux temps modernes le commentaire des Écritures. Cette intelligence des textes suppose aujourd'hui un dialogue permanent entre sciences de l'homme et savoirs religieux. Et la rupture de ce dialogue débouche sur tous les fondamentalismes.

En notre époque de triomphe de l'image, une mention particulière est à réserver aux mouvements iconoclastes. Ceux-ci ont traversé l'histoire de Byzance comme celle de la Réforme et ont triomphé dans le judaïsme et l'islam. Inversement, le style baroque de la Contre-Réforme catholique et la profusion de couleurs des temples hindous sont de bons exemples d'une foi illustrée. Au total, l'imagerie religieuse connaît les mêmes débats que les arts profanes quant à la représentation de l'invisible et à la figuration des idées.

L'essentiel demeure, pour les religions, la fidélité à l'héritage des générations de croyants. Et, dans cette stratégie patrimoniale, image et écrit sont complétés par l'oral, car rien n'égale le pouvoir d'émotion de la voix humaine. Le champ religieux a toujours été un terrain privilégié pour l'entraînement mnémotechnique : litanies, chants et prières donnent une valeur particulière à l'apprentissage par cœur, à la récitation, qui, en arabe, se dit *coran*. Le meilleur exemple en est sans doute donné par ce ministre des Affaires religieuses d'un pays musulman qui vient d'offrir quinze mille euros et une médaille à celui qui réciterait le Coran de mémoire.

Mais peut-on conserver la mémoire sans perpétuer les haines ? Glorifier les défunts, c'est sanctifier leurs combats, et l'histoire sainte est cruelle, riche d'incompréhensions mutuelles, pauvre en éloges des différences. L'enseignement du fait religieux dans une société multiculturelle risquerait de reproduire ces vieux antagonismes si cette société ne s'ouvrait pas sur de nouvelles transcendances. Remplacer la lutte des classes par le choc des dieux ne ferait que changer les motifs d'affrontements de peuples abusés. Comment concilier le culte de la mémoire et la diversité des sources ? Peut-on chercher la vérité plurielle d'un dieu unique ? Faut-il soumettre des textes sacrés à l'exégèse des incroyants ? Entre le risque d'idolâtrer et la peur de profaner, la voie moyenne de l'honnête homme est la méthode pacifique d'une école métissée.

III

SANCTIFIER LES ALLIANCES

Les religions peuvent relier les hommes entre eux et avec Dieu. L'alliance est transcendantale quand, pour employer le langage de Teilhard de Chardin, elle unit le cœur du monde au milieu divin. Elle est immanente lorsqu'elle est scellée à l'intérieur du phénomène humain pour créer une entente au sein du couple, une solidarité parmi les groupes ou un accord entre les peuples, voire une alliance entre soldats.

Dans les religions d'origine indienne (bouddhisme, hindouisme), les relations entre univers visible et invisible relèvent d'une union profonde qui est surtout un accord intérieur, une paix de l'âme (*atman*), d'où, en relation avec une harmonie cosmique, se construiront un ordre ou une loi (*dharma*). Dans la spiritualité chinoise, l'ordre du monde est une alliance des contraires, symbolisée par l'union du masculin (*yang*) et du féminin (*yin*).

Si cet ordre peut beaucoup varier selon les religions, il n'en constitue pas moins un principe régulateur de l'existence qui gouverne toute la vie pratique : dans la cuisine chinoise comme dans les jardins japonais, il y a un savant contraste des couleurs, des saveurs et des odeurs, et chaque élément ne vaut que par l'ensemble. Dans cette harmonie d'essence religieuse, il ne semble pas y avoir de place pour la dissonance ou la singularité.

Les Occidentaux en avaient trop vite tiré la conclusion que cette partie du monde était vouée au conformisme et à l'immobilisme. Les mutations économiques rapides de l'Asie du Sud-Est et du Nord-Est montrent qu'il n'en est rien. Les temples et les palais de Pékin célèbrent l'« Éternelle Harmonie », le « Plaisir harmonieux », l'« Harmonie vertueuse » et le « Jardin de la Concorde ». Mais la Chine actuelle bat tous les records mondiaux d'expansion déséquilibrée, de croissance sauvage et de progrès conflictuel.

Le signe de l'Alliance

Dans les religions issues de la tradition d'Abraham (judaïsme, christianisme, islam), l'accord entre mondes visible et invisible est surtout source d'apaisement. Cette paix est à la fois soumission de l'homme à Dieu et partage fraternel de cette allégeance. En hébreu et en arabe, une même racine exprime cet état : c'est le *shalom*, ou salut de paix, d'où dérivent *Salomon*, l'homme de paix, *Jérusalem*, la ville de paix, et *islam*, l'attitude de paix ou de soumission.

Mais cet accord est aussi une tension entre des forces paradisiaques et infernales, un vertige entre l'aspiration au bien et la tentation du mal qui met l'homme « sens dessus dessous ». Pour conclure l'alliance avec Dieu et connaître Sa grâce, il faut fuir le péché et s'arracher aux pesanteurs. Il y a même, paradoxalement, une alliance de la rupture, et le célèbre psaume de David, le *Miserere*, invoque Dieu à partir d'un « esprit brisé », d'un « cœur meurtri » : « Et qu'ils dansent, les os que tu broyas. »

Par rapport aux religions de la Grèce et de Rome, la tradition d'Abraham substitue le salut au destin et l'observance à la fatalité. En préférant l'effort à la chance, l'ascète du désert à

« dame Fortune », cette tradition donne un énorme pouvoir aux rigueurs de la Loi. Le droit n'est plus seulement le moyen de régler les rapports entre les hommes, il est aussi la voie pour obtenir la protection de Dieu. Pour rester dans l'Alliance, le juif doit observer six cent treize commandements.

Cette minutie juridique s'appuyait déjà sur un millénaire de droit écrit et se prolongera bien davantage : des codes mésopotamiens à la charia musulmane, on peut suivre l'évolution et la continuité de ces lois proche-orientales qui font que, dans certains pays, on lapide et on ampute comme voilà trois mille ans. Mais ce droit sans pitié n'est pas sans motifs : quand le prince rend la justice au nom de Dieu, comme Hammourabi priant Mardouk, « il enseigne au Pays la bonne voie », répand « dans l'esprit public la vérité et le droit » et « assure le bonheur des gens ».

Les contraintes de la Loi

On ne peut donc faire de l'obsession de la faute un héritage de la tradition judéo-chrétienne ni de l'obéissance à la Loi le fruit d'une culpabilité hébraïque. Elles existaient avant et ailleurs, et elles sont présentes dans le système juridique qui a exercé la plus forte influence dans le monde, le droit romain.

La Loi est une règle posée par les dieux et il n'est pas d'alliance entre les hommes ni d'union entre les peuples qui ne s'y réfère. La justice commençait, à Rome, par l'observation de formules rituelles, le *jus*, qui donnait au magistrat un agrément religieux et lui permettait de poser l'« interdit » (*interdictum*). Aujourd'hui encore, même dans les pays laïques, le respect du droit passe par le serment et le tribunal est, par excellence, le lieu où l'on jure.

L'un des premiers fruits de l'accord entre hommes et dieux demeure l'alliance de l'homme et de la femme, qui s'unissent par un double lien conjugal et religieux. Si la tradition biblique a insisté plus que d'autres sur la dimension mystique des épousailles, aucune religion n'a ôté du mariage une part surnaturelle. La raison est d'abord démographique : célébrer des noces, c'est bientôt bénir des enfants qui seront autant de croyants.

L'hostilité générale des confessions à toutes les formes de vie en couple non prévues par la loi religieuse tient d'abord à ce risque de voir la famille illégitime dénoncer les pactes conclus avec le Ciel, renier les coutumes instaurées par les ancêtres : en Europe et en Amérique, divorce et pratique religieuse suivent des courbes à peu près inverses.

Tout est donc mis en place pour sauvegarder la famille et prendre en charge ses jeunes et ses vieux. Les Églises se sont intéressées aux écoles, pour que chacun vive avec le Dieu de sa jeunesse, et aux hôpitaux, pour que chacun meure dans la foi de son enfance.

La collecte de la dîme

Quand la « cellule de base » de la société est confortée, il faut encore aux religions établir les fondements d'un accord social, étendre leur sollicitude à la communauté des croyants, instaurer les mécanismes d'aide qui préviennent toutes les formes d'exclusion. Le premier impôt « social » du monde fut sans doute la dîme, d'origine proche-orientale, qui finançait à la fois les frais du culte et les dépenses de solidarité. Elle survit encore dans la *zakat* (aumône) des musulmans et dans l'impôt ecclésiastique que paient les citoyens allemands.

La plupart des institutions d'assistance ont une origine religieuse et, dans la Palestine de Jésus, il existait déjà une « écuelle des pauvres » qui ressemblait fort à nos Restos du cœur.

Cette entraide peut s'insérer dans une collectivité plus ou moins égalitaire ou différenciée. Dans l'ambiance et la tradition pastorale du Proche-Orient, le christianisme a comparé la foule des croyants au troupeau de brebis conduit par Jésus-Christ, le « bon pasteur ». En principe, chaque membre du groupe, même le plus faible en apparence, a autant de valeur qu'un autre. Et ce nivellement fonde ce que le latin appelle une congrégation, littéralement une « réunion d'animaux » dans laquelle l'instinct grégaire se conjugue à la commune obéissance.

Même si l'histoire de l'Église a souvent bafoué cet idéal de discipline égalitaire, nombre d'utopies communistes se sont référées au partage évangélique où le riche, tel le percepteur Zachée, trouve le salut en donnant la moitié de ses biens. En plein Moyen Âge, les chrétiens dissidents comme les vaudois de Lyon ou les hussites de Prague prêchaient et pratiquaient, malgré l'opposition des prélats, une religion égalitaire.

Les mêmes remarques vaudraient pour la communauté (*umma*) musulmane, fondée sur l'accord unanime et l'égalité théorique des croyants, malgré les différences pratiques entre l'aisance des caravaniers et la pauvreté du petit peuple. Mais l'« or noir » a considérablement accru ces disparités et perturbé l'équilibre social souhaité par le Prophète. L'écart des conditions est aujourd'hui l'un des problèmes internes majeurs de l'islam : l'un des hommes les plus riches du monde n'est-il pas le sultan de Brunei ?

Le système des sous-castes

Tout à l'opposé de cet idéal égalitaire se situe le système hindou des castes et, surtout, des sous-castes. Il est fondé à la fois sur les disparités de condition à la naissance (*jati*) et sur les différences de pureté ou de couleur (*varna*), renvoyant elles-mêmes à des facteurs ethniques ou plus simplement au… bronzage, puisque les travailleurs manuels sont plus exposés à la lumière solaire. On ne saurait donc tirer des conclusions trop strictement théologiques de la « blancheur » des brahmanes, d'autant que, dans l'Amérique latine chrétienne, on observe une semblable hiérarchie, les populations à la peau la plus claire ayant souvent le statut social le plus élevé. En revanche, on peut voir dans le système des castes une pérennisation des inégalités en même temps qu'une spécialisation des fonctions. Issue de la vieille religion védique, d'origine indo-européenne, cette structure traditionnelle, quoique perturbée par la révolution industrielle et urbaine, s'est adaptée à la vie moderne et survit à son abolition officielle par la Constitution indienne. Aussi choquante soit-elle, cette sacralisation de l'inégalité sociale et rituelle ne peut être entièrement imputée à la religion. Est-ce la faute de Vishnou si un chien américain consomme autant qu'un intouchable hindou ? Le système des castes perpétue un archaïsme à la fois théologique et économique.

L'union des soldats

Le lien religieux peut aussi être mis au défi des relations internationales. Sur le plan militaire, le partage d'une même foi peut favoriser cette discipline qui fait la force des armées. L'un des premiers modèles connus est celui d'Israël, où l'alliance conclue avec Dieu sert d'arme contre l'ennemi : les prêtres promènent l'Arche d'alliance dans les rangs des soldats, qui auront la victoire pour prix de leur foi. Cette alliance a un signe, la circoncision, et quand les militaires l'ont subie pour montrer leur appartenance au camp de Dieu, celui-ci a fait tomber les murailles de Jéricho (Josué, 6,5).

L'alliance entre Dieu et son peuple est à son tour conclue entre combattants. Jonathan fait alliance avec David « parce qu'il l'aimait comme lui-même » (I, Samuel, 20, 17). Cette fraternité des armes rend les soldats de Dieu « inséparables dans la vie et dans la mort, plus rapides que des aigles, plus vaillants que des lions ». Et David dit de son frère par alliance : « Jonathan, ton amitié m'était plus précieuse que l'amour des femmes. »

Les Grecs devaient d'ailleurs pousser fort loin cette alliance des hommes avec le bataillon sacré de Thèbes, où chaque soldat est, à l'égard d'un autre, animé de cet « amour sacré » qui était l'autre nom de l'amour entre hommes et qui survit encore, sous une forme chaste, dans les célèbres « binômes » des armées. L'exclusion des femmes livre alors les hommes aux dieux de la guerre (Arès) et de l'amour (Éros) pour que, vivant à deux, ils aient le double de courage.

Au contraire, la tradition musulmane place le lien entre Dieu et les combattants au niveau du groupe, non du couple. La lutte suprême (*djihad*) est un effort collectif et, sous toutes ses formes, y compris militaires, elle est un devoir pour tous les croyants. Dieu ne les abandonnera pas et leur accordera sa bénédiction, qui protège du danger, la *baraka*.

La version moderne de ce lien à la fois mystique et stratégique sera la Ligue des États arabes, créée en 1944 entre divers pays musulmans du Proche-Orient puis d'Afrique du Nord. Elle institutionnalise la notion de « pays frères » dont la foi commune fonde la force collective. L'idéologie communiste s'en souviendra lorsqu'elle appellera aussi « pays frères » les nations marxistes dont la fraternité trouvera ses racines chez les pères fondateurs que sont Marx et Lénine.

Dans la tradition catholique, le père de l'alliance sera le pape, qui réunit autour de lui ses « fils », les rois. Les premières manifestations de cette alliance seront les croisades, qui rassemblent en principe, tous les pays chrétiens, et, depuis lors, la papauté n'a jamais renoncé à mener une action internationale. Un bon exemple historique en fut le traité de Tordesillas, par lequel, en 1494, le pape Alexandre VI Borgia partagea le monde entre l'Espagne et le Portugal en répartissant entre ces deux pays les nouvelles terres explorées. Plus récemment, un arbitrage du pape Jean-Paul II a fixé la frontière entre le Chili et l'Argentine, en Patagonie, de part et d'autre du canal Beagle.

À l'échelle de toute la chrétienté, les accords ou alliances peuvent comporter une référence théologique. Un des exemples les plus célèbres en est la Sainte-Alliance, pacte mystique signé en 1815, « au nom de la Très Sainte et Indivisible Trinité », par le roi de Prusse, l'empereur d'Autriche et le tsar de Russie, c'est-à-dire par un protestant, un catholique et un orthodoxe. Aujourd'hui, la diplomatie pontificale pour les catholiques, le Conseil œcuménique des Églises (COE) pour les protestants et les orthodoxes poursuivent, sur un mode plus discret, leurs efforts visant à favoriser un ordre mondial fondé sur des valeurs chrétiennes.

La mystique du combat

La notion d'alliance stratégique n'a pas de véritable équivalent dans les spiritualités extrême-orientales, et cette absence tient à des raisons théologiques fondamentales qui distinguent les confessions issues de la tradition d'Abraham des religions nées à l'est de l'Indus. Les premières sont fondées d'abord sur une Révélation historique et les secondes, sans exclure une révélation, privilégient une expérience intérieure. Les unes tendent donc à étendre le champ de cette Révélation sur de nouvelles terres, quitte à confondre parfois le religieux et le militaire. Les autres préfèrent approfondir la mystique individuelle, quitte à faire de la démarche religieuse un processus égocentrique.

Mais celui-ci n'empêche pas la défense des valeurs collectives. De même que les trois monothéismes ont pu se battre pour la prise de Jérusalem, l'Inde est le théâtre d'innombrables conflits et attentats concernant un temple, une église ou une mosquée, au point qu'on a pu parler de « fanatisme hindou ». Et, quand Tamouls et Cinghalais se combattent au Sri Lanka, il n'est pas indifférent de relever que les premiers sont hindouistes et les seconds bouddhistes.

De même, toute religion peut être mise au service de causes nationalistes. Les empereurs de Chine faisaient la guerre au nom d'une monarchie d'inspiration « céleste » comme Louis XIV au nom d'une monarchie de droit « divin ». Les samouraïs japonais empruntaient leur sens du devoir à des éléments issus du shintoïsme (culte de l'empereur), voire du confucianisme (respect de la hiérarchie). Durant la Seconde Guerre mondiale, les hommes-obus de l'empire du Soleil-Levant s'appelaient kamikazes, littéralement « le vent des dieux ».

À défaut d'une théologie de l'alliance, ces hommes avaient une mystique du combat. Elle peut avoir sa version civile dans notre époque de « guerre économique » où l'ardeur à la lutte relève aussi de la force spirituelle. De nombreux hommes d'affaires de Thaïlande ou du Japon font retraite dans des temples du Bouddha ou du shinto comme leurs homologues occidentaux fréquentent des monastères bénédictins. Et, en mettant à brûler des bâtonnets d'encens ou des cierges de cire, ils appellent sur leurs entreprises les lumières d'en haut.

Car le Ciel est pris à témoin des risques et des chances de toute aventure humaine. En temps de paix, il doit favoriser la compétition économique et des religions concurrentes parrainent la course au progrès. Ainsi, pour s'allier les puissances rivales du firmament, les Américains ont gravé sur leurs dollars une devise chrétienne et une maçonnique, invoquant la foi en Dieu (« *In God we trust* ») et le « nouvel ordre des siècles ».

En temps de guerre, le Ciel est sollicité pour justifier les œuvres de mort avec autant d'ardeur pour les deux camps. Durant la Seconde Guerre mondiale, les SS allemands portaient sur leur ceinturon l'inscription « Dieu avec nous » (« *Gott mit uns* »). Et les soldats américains avaient une bible dans leur sac : à couverture kaki pour l'armée de terre, bleu marine pour la Navy et bleu ciel pour les aviateurs.

Récemment, des soldats croates catholiques ont combattu avec leur chapelet, des Serbes orthodoxes avec leurs icônes et des Bosniaques musulmans avec leur tapis de prière. Dans la guerre la plus haute du monde, Indiens hindouistes et Pakistanais musulmans s'affrontent sur le glacier du Siachen, à six mille mètres d'altitude. Dans le conflit le plus bas de la planète, juifs israéliens et musulmans palestiniens se font toujours face sur les rives de la mer Morte, à moins 400 mètres. Il n'est guère de combat où les hommes des deux camps, affrontant la mort, n'appellent un dieu à leur secours et ne trouvent un coin du ciel pour leur cause.

Faire bloc et faire front sont les deux exigences majeures de la guerre : il faut se serrer les coudes pour tenir le choc, renforcer les alliances pour isoler l'adversaire. Quand l'empereur Ashokaa (IIIe siècle avant notre ère) et l'empereur

Constantin (IVe siècle de notre ère) convoquaient des conciles, bouddhiste pour le premier, chrétien pour le second, ils étaient sans doute unis moins par la mystique que par la politique : pour unifier un empire, indien ou romain, il faut d'abord rassembler les esprits, puis engranger les succès militaires grâce à une foi conquérante. « Triomphe par ce signe », aurait intimé le Christ montrant la croix à Constantin lors de la bataille du pont Milvius. L'auguste vainqueur, après avoir fait égorger son fils et noyer sa fille, « convertit » l'empire à la foi chrétienne et convoqua le premier concile œcuménique dans la ville de Nicée (en grec, *nikê* signifie victoire).

Ce mélange de militantisme religieux et de militarisme profane a connu nombre d'illustrations historiques où la volonté de puissance l'emporte sur l'esprit de piété. À l'époque contemporaine, tel dictateur irakien, qui n'a aucune conviction religieuse affichée, a pu jeter son pays dans dix ans de guerre sainte. Tels dignitaires du IIIe Reich, y compris Hitler, ont entraîné leur peuple dans une guerre fort peu chrétienne tout en payant scrupuleusement leur denier du culte à l'Église. Tous ces chefs, abusant de la confiance des croyants, ont cru pouvoir disposer librement de la vie de leurs sujets. Ils ont interprété à leur façon cruelle le psaume 136 de David à son Seigneur : « Tu envoies ton poing sur le nez de mes adversaires. »

Et le psalmiste ajoute : « Heureux qui saisira tes nourrissons pour les broyer sur le roc. » Ce vœu meurtrier était destiné au pays de Babylone (l'actuel Irak), voire à celui de Pétra (le « roc »), l'actuelle Jordanie. Les textes antiques peuvent nourrir les guerres actuelles et les allusions du Coran aux gens du Livre (les juifs) ne sont guère plus tendres : « Allah a jeté la terreur – dans leurs cœurs – Vous en avez tué quelques-uns et capturé d'autres. » (Sourate, 33, 26)

L'union des fidèles est le ciment de la haine quand elle se nourrit de pieuses lectures aux accents martiaux, le dieu « païen » Mars étant ici très biblique et coranique. La foi commune est baptême de sang quand la référence religieuse est l'histoire des batailles dont les générations nouvelles doivent répéter les exploits. Dans le conflit israélo-palestinien, chaque mort est suivie d'obsèques religieuses largement mises en scène devant les caméras de télévision. Les juifs et les musulmans du monde entier sont ainsi invités à entrer dans une alliance du sacrifice qui rappelle les croisades chrétiennes, auxquelles tout bon chevalier devait participer. Les croyants pacifiques ont donc à prendre leurs distances avec les soldats de Dieu et bien souvent ils cherchent à faire alliance avec les milieux laïques.

ÉPILOGUE

L'AVENIR DE LA LAÏCITÉ

Le « retour du religieux » est-il la défaite des non-croyants ? La réponse n'est pas simple, tant sont variées les formes de cette incroyance. À l'extrême, le recul du communisme, à supposer qu'il se prolonge, est celui du « parti des sans-Dieu ». Mais l'athéisme militant représente aussi, par sa volonté de promouvoir l'homme, un appel au dépassement qui préfigure une transcendance. Face à l'« horreur économique », athées et croyants peuvent se retrouver pour promouvoir ce que Malraux appelait *L'Espoir* et Péguy la « petite espérance ».

Plus modéré, l'agnosticisme, dans son refus de trancher le débat sur l'existence de Dieu, serait menacé par la montée des fanatismes et des intégrismes. Encore peut-on observer que, dans leur histoire, les Églises chrétiennes ont passé au moins autant de temps à lutter contre les gnoses que contre l'incroyance et qu'elles détestent l'irrationnel autant que le rationalisme militant. En ces temps de science paranormale et de médecine parallèle, de commerce du mystère et de trafic des miracles, croyants et agnostiques se retrouvent souvent pour dénoncer l'invasion de l'ésotérisme. Plus délicate est la position de la laïcité, dans son désir de séparer l'État des religions, en particulier dans le domaine de l'enseignement et de la recherche. Laïcité et cléricalisme ont toujours été de grands rivaux. Cette rivalité fut d'ailleurs bien des fois une émulation. Jamais l'archéologie du Proche-Orient n'aurait connu une telle intensité si les savants n'avaient remué la terre au nom du Ciel : on a fouillé Babylone ou Ninive pour prouver que la Bible avait tort ou raison. Agatha Christie a fréquemment décrit ces équipes de piocheurs enthousiastes creusant sur les indications d'un épigraphiste, jésuite ou incroyant, parfois les deux. Pourquoi, en France, l'école laïque a-t-elle mis au programme d'histoire des classes de sixième l'Égypte, la Grèce et Rome ? Pour que leurs religions « païennes » fassent concurrence au catéchisme… l'année de la communion solennelle.

Cette laïcité, cinq grands pays au monde l'avaient inscrite dans leurs institutions : la France (en 1793 et 1905), le Mexique (en 1917), la Turquie (en 1923), le Japon (en 1946) et l'Inde (en 1947).

Mais aujourd'hui la République française subventionne l'enseignement privé, principalement catholique. Au Mexique, depuis 1991, le gouvernement reconnaît officiellement les Églises. En Inde, la montée en puissance des nationalistes hindous est une victoire de l'hindouisme militant. En Turquie, les islamistes jouent un rôle croissant dans les municipalités et à l'université. Quant au Japon, de nombreuses sectes y jouent un rôle politique important.

En Europe, la laïcité est minoritaire. Le Danemark et le Royaume-Uni ont une religion d'État, l'une luthérienne, l'autre anglicane. En Irlande, la Constitution a été promulguée « au nom de la Très Sainte Trinité » et en Grèce « au nom de la Trinité sainte, consubstantielle et indivisible ».

D'autres pays, comme l'Espagne, l'Italie, la Belgique et le Luxembourg, vivent sous un régime concordataire où les relations entre l'Église catholique et l'État sont fixées par un traité signé avec le Vatican. Un accord de ce type est toujours en vigueur en Alsace et en Moselle : datant de Napoléon, maintenu par Bismarck, il n'a pas été dénoncé lorsque cette province et ce département ont été recouvrés, en 1918, par la France « laïque ». Il est vrai que les avantages financiers, pour les fidèles et pour le clergé, n'y sont pas négligeables.

Qu'on le déplore ou qu'on s'en réjouisse, les clivages religieux restent des éléments majeurs sur l'échiquier politique. Ils ne s'estompent que lorsqu'il faut combattre un nouveau « païen » totalitaire : alors s'unissent, selon le mot d'Aragon, dans une même résistance, « celui qui croyait au Ciel » et « celui qui n'y croyait pas » (*La Rose et le Réséda*).

Mais sitôt la menace écartée, les anciens conflits réapparaissent. Comme de juste s'affirment les convictions personnelles, et comme de droit la liberté de conscience. Il reste alors à organiser, au mieux ou au moins mal, ce que Paul Eluard appelait « la foule immense où l'homme est un ami ».

Mais où sont nos amis ? Peut-on préférer le lointain au prochain ? Les mouvements de population entraînent la cohabitation de personnes différentes par les références culturelles et les origines religieuses. En 1905, la laïcité devait organiser la vie commune des Français qui allaient à la messe et de ceux qui n'y allaient pas. Un siècle plus tard, les pratiquants réguliers ne sont plus qu'une petite minorité et les écoles catholiques accueillent des non-baptisés. La laïcité doit désormais s'imposer dans un paysage religieux beaucoup plus diversifié où les revendications identitaires viennent du judaïsme et de l'islam, mais aussi de nouvelles religions et de sectes aux croyances et aux pratiques inconciliables.

La laïcité trouve ici une nouvelle légitimité : dans le respect des religions, la République doit aménager un espace public où tous les citoyens peuvent se rencontrer sans exclusive ni préférence, à la seule condition d'obéir aux lois. Telle est la commune observance des habitants d'un même pays. Et qu'importent leurs intimes convictions, « que l'un fût de la chapelle. Et l'autre s'y dérobât » (Aragon).

GLOSSAIRE

Amish : groupe protestant traditionaliste constitué en Suisse au XVIIe siècle et réfugié aux États-Unis au XIXe siècle, en Indiana et en Pennsylvanie. Les membres de ce groupe refusent la plupart des progrès techniques comme l'électricité, le téléphone ou encore l'automobile, à laquelle ils préfèrent la voiture à cheval.

Anabaptistes : groupe protestant ne baptisant que les adultes et rebaptisant les chrétiens convertis. Les autres confessions chrétiennes, au contraire, baptisent les enfants et reconnaissent la validité du baptême reçu dans une autre Église.

Avesta : recueil d'anciens textes sacrés du zoroastrisme, ou religion de Zarathoustra.

Bouddhisme : religion ou règle de vie prêchée par les disciples du Bouddha (« l'Éveillé » en sanscrit), noble indien qui aurait vécu au VIe siècle avant Jésus-Christ.

Bouddhisme tibétain : synthèse d'une ancienne religion locale (*bön*) et du tantrisme.

Caodaïsme : religion vietnamienne fondée au XXe siècle et comportant des apports occidentaux et orientaux. Elle révère Bouddha, Lao-Tseu (fondateur du taoïsme), invoque Sun Yat-sen (fondateur de la République chinoise), Victor Hugo (symbole de la République française) et Jeanne d'Arc.

Charia : loi religieuse musulmane détaillant les obligations issues du Coran ou de la tradition (*sunna*). De nombreux châtiments (amputations) ou impératifs (port du voile) sont en fait issus de vieilles législations proche-orientales (comme le code de Hammourabi) bien antérieures à Mahomet.

Chiisme : branche de l'islam représentée surtout en Iran et en Iraq et se réclamant d'Ali, le gendre du Prophète, qui s'était opposé aux successeurs de Mahomet, les califes.

Canon : désigne l'ensemble des livres qui appartiennent au corps des Écritures juives ou chrétiennes et contribuent à former la règle de la foi. Les textes non canoniques sont dits apocryphes.

Confucianisme : doctrine morale et sociale du philosophe chinois Kongfuzi (Confucius), qui, au VIe siècle avant Jésus-Christ, délivra un enseignement de sagesse morale et de discipline sociale.

Culte de Mithra : culte issu de la religion iranienne tardive et s'adressant à une seule divinité masculine, Mithra, la lumière qui vainquit le taureau primordial. Ce culte, très populaire parmi les soldats romains, fut le grand rival du christianisme. La date de Noël, le 25 décembre, correspond d'ailleurs au solstice d'hiver et à la fête de Mithra, le « Soleil invaincu », né, comme Jésus, parmi les bergers.

Culte du cargo : culte apparu au XIXe siècle en Mélanésie. Les indigènes s'extasiaient devant les marchandises que débarquaient les navires (cargos) occidentaux, dont ils attendaient le retour comme celui d'un messie.

Djihad : effort personnel, combat intérieur et lutte collective qui, pour l'islam, peuvent s'illustrer dans la guerre sainte. L'équivalent chrétien fut la croisade tandis que le judaïsme militant (au temps de Jésus) prêchait le « zèle », c'est-à-dire l'ardeur à servir Dieu, les armes à la main.

Dogme : opinion philosophique (du grec *dogma*) consacrée par une religion et tenue pour une vérité révélée ou une certitude fondamentale.

Église anglicane : branche de la Réforme, de tradition calviniste, née du refus opposé par le pape au divorce du roi d'Angleterre Henri VIII. Les catholiques de ce pays, puis de ses colonies, firent scission pour fonder cette Église protestante.

Église calviniste : groupe d'Églises se réclamant du réformateur français Jean Calvin (1509-1564).

Hindouisme : religion pratiquée sur le sous-continent indien, s'inspirant de la tradition des Veda et révérant de nombreuses divinités, comme Shiva ou Vishnou. Les prêtres (brahmanes) gardent les textes et la doctrine sacrée, qui enseigne comment s'élever dans le cycle des renaissances (*samsara*) grâce à de bonnes actions (*karman*) et comment maintenir l'ordre (*dharma*) de l'univers, notamment dans le domaine social (castes).

Immaculée Conception : le fait que Marie, la mère de Jésus, a été préservée du péché dès sa conception. Il ne faut pas confondre avec la conception virginale : le fait que Jésus est né d'une vierge.

Inculturation : prise en compte par une religion de la culture d'un pays ou d'un continent. On parle par exemple d'inculturation du christianisme dans l'Afrique noire animiste.

Ismaéliens nizarites : branche du chiisme implantée notamment au Pakistan et qui se reconnaît pour chef l'Agha Khan, considéré comme un descendant du Prophète.

Mahabharata : livre sacré de l'hindouisme remontant à l'époque des Veda et décrivant, dans le genre héroïque, la lutte de clans rivaux d'origines ethniques semblables ou différentes (indo-européens ou dravidiens). À l'intérieur du *Mahabharata* est enchâssé le célèbre poème philosophique *Bhagavad-Gita*.

Mantras : littéralement « instrument de pensée » (en sanscrit). Ces formules sacrées (dont la plus célèbre est *om*) sont composées de syllabes mystiques censées, par l'effet de la répétition, accroître leur valeur invocatrice et donner à celui qui les prononce une puissance surnaturelle. Utilisés dans l'hindouisme et le bouddhisme, souvent avec l'aide d'un rosaire, les mantras évoquent le chapelet des catholiques.

Mithra : voir culte de Mithra.

Mormons (ou Église de Jésus-Christ des saints des derniers jours) : Église fondée en 1830 par Joseph Smith et affirmant que Jésus et certaines tribus d'Israël auraient émigré en Amérique. À l'origine polygames, les mormons pensent que tout homme peut recevoir le baptême, et donc le salut éternel, à titre posthume. Ils se livrent donc, dans le monde entier, à des recherches généalogiques et au fichage de tous les morts.

Muezzin : religieux musulman attaché à une mosquée et qui, du haut du minaret, appelle les fidèles à la prière. Il est de plus en plus souvent remplacé par une cassette enregistrée, tout comme le sonneur de cloches a laissé sa place à une minuterie.

Petit Véhicule (*hinayana*) : forme originelle du bouddhisme enseignant la « voie des anciens » (*theravada*) et pratiquée dans la péninsule indochinoise et au Sri Lanka. Le bouddhisme japonais ou chinois appartient, au contraire, au Grand Véhicule (*mahayana*).

Prédestination : élément de la foi du calvinisme primitif selon lequel chaque croyant est ou n'est pas prédestiné au salut éternel par la seule grâce de Dieu.

Réforme : ensemble de modifications apportées à la doctrine catholique par les grands réformateurs, comme Luther ou Calvin. Au sens étroit du terme, seules les Églises issues de la Seconde Réforme (celle de Calvin) sont dites réformées.

Religion cananéenne : ensemble des croyances polythéistes de la Palestine et de la Phénicie antiques. La religion d'Ougarit (Syrie du Nord), qui a fortement influencé les prophètes d'Israël, fait partie de cet ensemble.

Religion iranienne : religion de l'Iran (c'est-à-dire pays des Aryens) antique, d'origine indo-européenne et apparentée à la religion des Veda. Elle fut réformée par Zoroastre (ou Zarathoustra).

Secte : mot issu du latin *sequor* (« suivre ») et influencé par le verbe *seco* (« couper »). Il désigne un mouvement religieux de petite dimension qui s'est souvent coupé d'une grande confession afin de suivre un chef.

Shintoïsme : croyances animistes et polythéistes des Japonais constituant la voie des dieux (*kami*). La religion japonaise est elle-même un mélange de shintoïsme, souvent centré sur la fécondité et la naissance, et de bouddhisme, plutôt orienté vers l'apprivoisement de la mort.

Sikhisme : religion monothéiste fondée en Inde au XVe siècle et fortement influencée par l'islam. Les sikhs rejettent les institutions hindoues (comme le système des castes) mais croient en la réincarnation.

Sourates : divisions du Coran, les sourates sont classées par ordre de longueur décroissant et correspondent à des époques et à des lieux d'élaboration différents (sourates de Médine et de La Mecque).

Sunnisme : courant majoritaire de l'islam, groupant 90 % des musulmans. À la différence du chiisme, il se réclame des premiers califes, successeurs de Mahomet, et insiste sur l'unité de la communauté (*sunna*) des croyants.

Sutras : littéralement « fil conducteur ». Mot sanscrit désignant un texte indien qui suit le fil d'une doctrine.

Tantrisme : forme de l'hindouisme et du bouddhisme tardif fondée sur l'étude de tantras (« trames »), manuels ésotériques au contenu très divers.

Taoïsme : religion chinoise remontant aux disciples de Lao-Tseu (VIe siècle avant Jésus-Christ) et fondée sur la voie (*tao* ou *dao*) que chacun doit suivre pour réussir sa vie.

Veda : religion de l'Inde antérieure à l'hindouisme et fondée sur les Veda (en sanscrit « savoir »), recueils sacrés d'origine indo-européenne (aryenne) considérés comme révélés et dont le contenu très divers forme la base de la civilisation indienne.

Zazen : méditation en posture assise pratiquée par une école bouddhique de méditation. Appelée zen au Japon, celle-ci fut importée de Chine au XIIIe siècle (où elle se nomme *chan*). Elle trouverait son origine dans les enseignements d'un moine indien, Bodhidharma.

Zoroastre (ou Zarathoustra) : réformateur de la religion iranienne (VIe siècle avant Jésus-Christ), dont il fit un culte monothéiste au dieu du Bien, Ahura-Mazdâ (le « Seigneur sage »). Celui-ci s'oppose à un esprit du Mal et ce dualisme influença de nombreuses religions ou sectes, notamment le manichéisme. L'essai de Nietzsche, *Ainsi parlait Zarathoustra*, en est une adaptation très libre et souvent infidèle.

BIBLIOGRAPHIE

Akoun, A. (dir.), *Mythes et traditions*, 3 vol., Brepols, 1990.

Clévenot, M. (dir.), *L'État des religions dans le monde*, La Découverte/Le Cerf, 1987.

Éliade, M., *Histoire des croyances et des idées religieuses*, 3 vol., Payot, 1989.

Éliade, M., *Traité d'histoire des religions*, Payot, 1989.

Éliade, M., *Le Dictionnaire des religions*, Presses-Pocket, 1992.

Lenoir, F., et Masquelier, Y.-T. (dir.), *Encyclopédie des religions*, Bayard, 1997.

Malherbe, M., *Les Religions de l'humanité*, Hachette, 1994.

O'Briens, J., Palmer, M., *Atlas des religions dans le monde*, Autrement, 1994.

Puech, H.-C. (dir.), *Histoire des religions*, 3 vol., Gallimard, coll. « Encyclopédie de la Pléiade », 1976.

Vallet, O., *Qu'est-ce qu'une religion ?*, Albin Michel, 1992.

Vallet, O., *Femmes et Religions*, Gallimard, coll. « Découvertes », 1994.

Vallet, O., *Une autre histoire des religions*, 2 vol., Gallimard, 2000.

Vallet, O., *Petit lexique des idées fausses sur les religions*, Albin Michel, 2002.

TABLE DES MATIÈRES

Seconde partie

LES FONCTIONS DE LA FOI

TABLE DES SCHÉMAS

Achevé d'imprimer en février 2004
sur les presses de l'imprimerie Maury Eurolivres
45300 Manchecourt

N° d'éditeur : FH007408.
Dépôt légal : octobre 2003.
N° d'impression : 04/02/22426.

Imprimé en France